Saskia Gießen

Hiroshi Nakanishi

Excel Makros für Jedermann

Mit Makros die tägliche Arbeit automatisieren

Saskia Gießen

Hiroshi Nakanishi

Excel Makros für Jedermann

Mit Makros die tägliche Arbeit automatisieren

V2

Inhaltsverzeichnis

V Vorwort

Mit Makros lassen sich Routineaufgaben schneller erledigen.

Wenn Sie den Befehl **Makro aufzeichnen** nutzen, müssen Sie keine Zeile programmieren. Sie machen dem Makro die Schritte einmal vor und das Makro macht sie auf Ihren Wunsch hin immer wieder nach.

Dieses Buch enthält die Beispiele, die wir in unseren Seminaren nutzen. Schritt für Schritt wird der Weg vom Aufzeichnen eines Makros bis hin zum Starten mit Hilfe von Schaltflächen erläutert.

Dabei haben wir besonderen Wert darauf gelegt, dass man für alle Beispiele keine Programmierkenntnisse haben muss.

Zu Beginn werden in diesem Buch die Grundlagen zu den Makros kurz und bündig erklärt. Anschließend wird dem Aufzeichnen, dem Starten, dem Speichern und dem Bearbeiten von Makros viel Raum gelassen. Da bei der Arbeit mit Makros auch einmal Fehler auftreten können, gibt es ein eigenes Kapitel für die möglichen Fehlermeldungen.

Wenn Sie fit im Umgang mit Makros sind, kommen dann die Kapitel für die tägliche Arbeit in Excel. Zu Beginn werden die Schritte erklärt und im Anschluss finden Sie ein Beispiel für den Einsatz von Makros.

Folgen Sie dem Sprichwort »Probieren geht über Studieren« und setzen Sie Ihre Ideen in eigene Makros um.

Fragen und Anregungen nehmen wir gerne entgegen.

Wenn Sie ein Seminar zum Thema **Makros mit Excel** oder **Excel VBA** mit uns erleben möchten, sprechen Sie uns an. Die Beispieldateien finden Sie auf unserer Webseite: **www.saskiagiessen.de**

Wir wünschen Ihnen viel Erfolg bei der Erstellung Ihrer Makros.

Köln, im Juli 2017

Saskia Gießen

Hiroshi Nakanishi

1 Grundlagen zu den Makros

Der Grund, warum Makros eingesetzt werden ist vielfältig. Die einen wollen langweilige Routineaufgaben abgeben, die anderen möchten Flüchtigkeitsfehler vermeiden.

Was ist ein Makro?

Stellen Sie sich vor, Sie müssen jeden Tag immer wieder bestimmte Arbeitsschritte durchführen.

- Sie müssen ein Tabellenblatt kopieren,
- die Spalten B und C im Datumsformat gestalten,
- die Spalten G und H ausblenden,
- einen Druckbereich erstellen,
- die Spaltenbreite bei allen Spalten ändern,
- dann die Tabelle drucken,
- uvm.

Dann machen diese Arbeitsschritte nach der dritten Woche keinen Spaß mehr, weil es langweilig wird. Jetzt wird es Zeit, ein Makro aufzuzeichnen. Ein Makro ist die Zusammenfassung mehrerer Arbeitsschritte, die mit nur einem Befehl gestartet wird.

Beachten Sie, dass Sie die Aufgaben, die ein Makro für Sie erledigt hat, nicht mit dem Befehl **Rückgängig** ungeschehen machen können.

┌ **Tipp**

Im Prinzip ist ein Makro ein kleines Äffchen: Sie machen es einmal vor und das Makro-Äffchen macht es dann immer wieder auf Verlangen nach.

┘

Das Register Entwicklertools

In Excel gibt es ein Register mit dem Namen **Entwicklertools**. Es ist standardmäßig ausgeblendet. Sie finden alle Befehle rund um das Thema Makros auf diesem Register. Sie sollten es zu Beginn einblenden. Es wird dann bei jedem Start von Excel angezeigt.

- Um das Register **Entwicklertools** zu aktivieren, wählen Sie **Datei / Optionen** und aktiveren Sie die Kategorie **Menüband anpassen**.
- Setzen Sie den Haken **Entwicklertools** im rechten Teil des Fensters bei den **Hauptregisterkarten**.

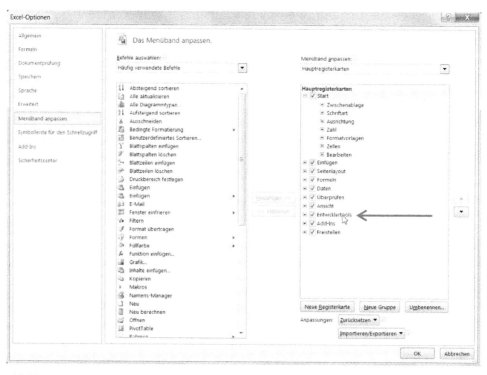

Abbildung 1: Das Register Entwicklertools aktivieren

- Bestätigen Sie mit **OK**.

Jetzt wird das Register **Entwicklertools** bei jedem Start von Excel angezeigt:

Abbildung 2: Der Bereich Code auf dem Register Entwicklertools

Die Befehlsgruppe Code

Alle Befehle rund um die Makros und um das Programmieren finden Sie in der ersten Befehlsgruppe **Code**.

Mit einem Klick auf die Schaltfläche **Visual Basic** öffnen Sie den VBA Editor, in dem Sie sich Ihre Makros ansehen und ändern können. Er läuft in einem eigenen Fenster und wird in einem separaten Kapitel beschrieben.

Der Befehl **Makros** öffnet das gleichnamige Fenster, in dem Sie alle Makros sehen, die Ihnen aktuell zur Verfügung stehen. In diesem Fenster können Sie Ihre Makros auch bearbeiten.

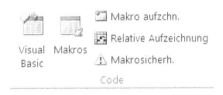

Abbildung 3: Alle Schalter des Bereichs Code

Wenn Sie ein Makro aufzeichnen möchten, nutzen Sie die Schaltfläche **Makro aufzchn**. Im nächsten Abschnitt wird beschrieben, wie Sie sich diese Schaltfläche in die Statusleiste bringen.

Die **Relative Aufzeichnung** zeichnet Ihre Schritte in Abhängigkeit der Zelle auf, die zu Beginn markiert ist. Dieser Befehl ist in einem separaten Kapitel beschrieben.

Mit einem Klick auf die Schaltfläche **Makrosicherh.** öffnen Sie das Fenster **Sicherheitscenter**. Dort können Sie Einstellungen für das Öffnen von Mappen mit Makros vornehmen.

Die Schaltfläche zum Aufzeichnen in die Statusleiste bringen

Wenn Sie häufiger Makros aufzeichnen möchten, dann sollten Sie die Schaltfläche 🔲 in die Statusleiste am unteren Rand von Excel einfügen.

Abbildung 4: Der Schalter, um Makros aufzuzeichnen

Wenn Sie die Schaltfläche nicht im linken Bereich Ihrer Statusleiste sehen, führen Sie die folgenden Schritte durch:

- Klicken Sie mit der rechten Maustaste auf Ihre Statusleiste und wählen Sie den Befehl **Makroaufzeichnung**.

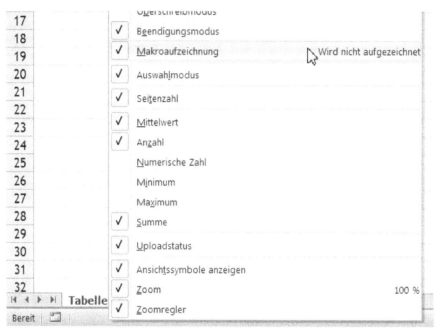

Abbildung 5: Den Schalter zum Aufzeichnen in die Statusleiste einfügen

Ab jetzt ist diese Schaltfläche immer in der Statusleiste sichtbar.

⌐ **Tipp**

Über diese Schaltfläche starten Sie nicht nur das Aufzeichnen eines Makros, Sie können darüber auch die Aufzeichnung beenden.

⌐

2   Makros aufzeichnen

Bevor Sie ein Makro aufzeichnen, müssen Sie sich Gedanken machen, was Sie alles aufzeichnen möchten. Am besten führen Sie diese Schritte einmal durch, damit Sie später beim Aufzeichnen keine Überraschungen erleben.

Aufzeichnung starten

Bevor Sie die Aufzeichnung starten, müssen Sie überlegen, ob der erste Schritt im Makro das Markieren einer bestimmten Zelle sein soll oder nicht. Davon hängt es ab, wo der Cursor steht bzw. welche Zellen markiert sind.

Wenn Sie beispielsweise immer in eine bestimmte Zelle etwas per Makro eingeben möchten, dann darf beim Starten des Makros diese Zelle nicht markiert sein, da Sie den Klick in die entsprechende Zelle mit Aufzeichnen müssen.

- Klicken Sie in die Zelle **A1**.
- Um die Aufzeichnung zu starten, wählen Sie **Entwicklertools / Makro aufzchn**. oder klicken Sie auf die Schaltfläche ▦ in Ihrer Statusleiste.

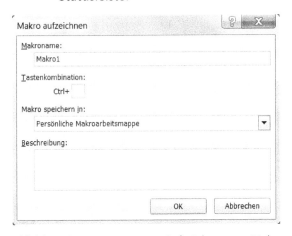

Abbildung 6: Das Fenster zum Aufzeichnen von Makros

Der Makroname

Im ersten Schritt müssen Sie Ihrem Makro einen Namen geben.

- Im ersten Beispiel soll das Makro *TextEinfügen* heißen.

Makroname:

> TextEinfügen|

Abbildung 7: Das Feld für den Makronamen

⌐ Tipp

Für den Namen gelten folgende Regeln:

- Maximal 64 Zeichen

- Keine Leerzeichen, Punkte, Sonderzeichen wie beispielsweise ? / oder <

- Unterstrich _ ist erlaubt

- Das erste Zeichen darf keine Ziffer sein

- Der Makroname darf in der Excel-Mappe nicht bereits verwendet werden.

⌐

Die Tastenkombination

Wenn Sie das Makro später über eine Tastenkombination in Verbindung mit der Strg -Taste starten möchten, klicken Sie in das kleine Feld und geben Sie den gewünschten Buchstaben ein.

- Im aktuellen Beispiel klicken Sie ins Feld und geben ein **g** ein.

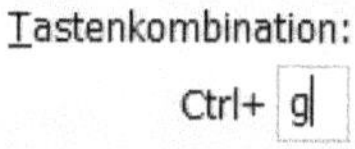

Tastenkombination:

> Ctrl+ g|

Abbildung 8: Das Feld für die Tastenkombination

Wenn Sie außerdem auch noch die Umschalt -Taste verwenden, haben Sie noch mehr Möglichkeiten Tastenkombinationen zu vergeben.

⌐ Tipp

Es erscheint keine Warnung, wenn Sie eine bereits bestehende Tastenkombination wie beispielsweise `Strg` + `C` eingeben.

Mit der Tastenkombination `Strg` + `C` kopieren Sie Zellinhalte. Wenn Sie diese Tastenkombination jetzt mit dem Starten Ihres Makros belegen, dann gilt dies für die Mappe, in der das Makro gespeichert ist und alle zurzeit geöffneten Mappen.

⌐

Der Speicherort

Im nächsten Schritt entscheiden Sie, wo das Makro gespeichert werden soll.

Bei der Wahl **Neue Arbeitsmappe** startet Excel eine neue leere Mappe. Das Makro wird dort gespeichert. Der Speicherort **Persönliche Makroarbeitsmappe** wird in einem gesonderten Kapitel beschrieben.

- In diesem Beispiel soll das Makro in der **Aktuellen Arbeitsmappe** gespeichert werden.

Im Feld **Beschreibung** können Sie eingeben, was das Makro macht oder zu welchem Zweck es aufgezeichnet wird.

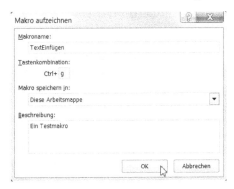

Abbildung 9: Das Fenster mit allen Einstellungen

- Klicken Sie auf die Schaltfläche **OK**.

Alles was Sie jetzt in Excel machen, wird aufgezeichnet. Allerdings nicht die Zeit, die Sie dafür benötigen.

Die Makrobefehle während der Aufzeichnung

Während der Aufzeichnung stehen Ihnen u. a. zwei Schaltflächen auf dem Register **Entwicklertools** und der Befehlsgruppe **Code** zur Verfügung:

▣ Aufzeichnung beenden Mit diesem Befehl stoppen Sie die Aufzeichnung.

▦ Relative Aufzeichnung Dieser Befehl wird in einem separaten Kapitel beschrieben.

Schritte aufzeichnen

In der Statusleiste erscheint das Symbol ▣ als optischer Hinweis, dass die Makroaufzeichnung läuft.

Führen Sie jetzt die folgenden Schritte durch:

- Klicken Sie in die Zelle D1.
- Tippen Sie den Text *Hallo*.
- Drücken Sie Eingabe . Jetzt ist D2 markiert.
- Tippen Sie den Text *Welt*.
- Markieren Sie beide Zellen D1 und D2.
- Formatieren Sie beide Zellen mit Fettdruck und Kursiv.
- Markieren Sie die Zelle D3.

Aufzeichnung beenden

Wenn Sie alle Schritte durchgeführt haben, müssen Sie die Aufzeichnung beenden.

- Klicken Sie auf diese Schaltfläche ▣ in der Statusleiste oder klicken Sie auf die Schaltfläche ▣ Aufzeichnung beenden auf dem Register **Entwicklertools**.

Der Hinweis ▣ in der Statusleiste ist auch verschwunden.

Das Makro testen

Um Ihr erstes Makro zu testen, aktivieren Sie ein anderes Tabellenblatt.

- Drücken Sie die Tastenkombination Strg + g .
- Wenn Sie keine Tastenkombination zugewiesen haben, wählen Sie die Befehlsfolge **Entwicklertools / Makros** oder drücken Sie die Tastenkombination Alt + F8 .

- Markieren Sie im Fenster **Makros** Ihr gerade erstelltes Makro und klicken Sie auf die Schaltfläche **Ausführen**.

Abbildung 10: Das Fenster, in dem alle Makros stehen

Das Fenster wird geschlossen und das Makro wird ausgeführt.

Den Code ansehen

Wenn Sie wissen möchten, was sich das Makro alles so gemerkt hat, müssen Sie in den VBA Editor wechseln.

⌐ **Tipp**

VBA steht für Visual Basic for Application. Visual Basic ist die Programmiersprache, in der Ihr Makro alle Ihre Schritte aufgezeichnet hat. Application steht für Excel. Alle Makros die Sie erstellen laufen nur, wenn die Application, also Excel, gestartet ist.

⌐

- Drücken Sie die Tastenkombination ⌐Alt⌐ + ⌐F11⌐ oder wählen Sie die Befehlsfolge **Entwicklertools / Visual Basic.**
- Öffnen Sie im linken Teil (Projekt Explorer) des VBA Editor-Fensters die Anzeige der Mappe, in der Sie gerade das Makro erstellt haben.
- Doppelklicken Sie auf das Blatt **Modul1** im Ordner **Module**. Im rechten Teil des Fensters sehen Sie die Inhalte.

Abbildung 11: Der VBA Editor

Sollten Sie den Projekt Explorer nicht sehen, klicken Sie auf die gleichnamige Schaltfläche. Der Aufbau des VBA Editor-Fensters wird in einem separaten Kapitel beschrieben.

Tipp

Der VBA Editor öffnet sich in einem separaten Fenster. Über die Taskleiste wechseln Sie zwischen dem Excel- und dem VBA-Fenster hin und her.

Sie können auch beide Fenster nebeneinander öffnen. Ziehen Sie das eine Fenster an den rechten und das andere Fenster an den linken Bildschirmrand.

Sie können auch die Tastenkombination ▉ + → bzw. ▉ + ← nutzen, um die Fenster am rechten oder linken Bildschirmrand auszurichten

Die folgende Tabelle listet den Makrocode auf und erklärt die einzelnen Zeilen:

`Sub TextEinfügen()`	Der Name des Makros
`'TextEinfügen Makro`	Wiederholung des Namens (Kommentar)
`'Ein Testmakro`	Die Beschreibung (Kommentar)
`'Tastenkombination: Strg+g`	Die Tastenkombination (Kommentar)
`Range("D1").Select`	Zelle D1 markieren
`ActiveCell.FormulaR1C1 = "Hallo"`	Den Text *Hallo* in die aktive Zelle
`Range("D2").Select`	Zelle D2 markieren
`ActiveCell.FormulaR1C1 = "Welt"`	Den Text *Welt* in die aktive Zelle
`Range("D1:D2").Select`	D1 und D2 markieren
`Selection.Font.Bold = True`	Markierten Zellen Fett zuweisen
`Selection.Font.Italic = True`	Markierten Zellen Kursiv zuweisen
`Range("D3").Select`	Zelle D3 markieren
`End Sub`	Makro Ende

Jetzt können Sie Änderungen am Makrocode vornehmen.

Wenn Sie die Schritte lieber in den Zellen der Spalte E durchführen möchten, müssen Sie nur die entsprechenden Zelladressen ändern.

Oder, wenn Sie die Texte, die in die beiden Zellen geschrieben werden (*Hallo* und *Welt*), ändern möchten, dann können Sie das hier durchführen. Achten Sie darauf, dass die Anführungszeichen erhalten bleiben.

Ein zweites Makro aufzeichnen

Im zweiten Makro soll jetzt wieder alles gelöscht werden. Dabei sollen neben dem Text in D1 und D2 auch die Formatierung beider Zellen entfernt werden.

⌐ Tipp

Wenn Sie zuschauen möchten, wie und was Ihr Makro aufzeichnet, dann richten Sie, wie oben beschrieben, das Excel- und das VBA-Fenster nebeneinander am Bildschirm aus.

⌐

- Klicken Sie in die Zelle A1.
- Wählen Sie **Entwicklertools / Makro aufzchn.**
- Geben Sie einen Namen ein, beispielsweise *AllesLöschen* und wählen Sie als Tastenkombination ⎡Strg⎤ + ⎡Umschalt⎤ + ⎡G⎤.
- Bestätigen Sie mit **OK**.

Führen Sie die folgenden Schritte durch:

- Markieren Sie die Zellen D1 und D2.
- Wählen Sie auf dem Register **Start** in der Gruppe **Bearbeiten** die Befehlsfolge ⌀ **Löschen / Alle löschen.**
- Markieren Sie A1.

Vergessen Sie nicht, im letzten Schritt Ihre Aufzeichnung zu beenden.

- Beenden Sie jetzt die Aufzeichnung mit einem Klick auf die Schaltfläche ▊ in der Statusleiste.

Testen Sie Ihre Makros entweder über die Tastenkombinationen ⎡Strg⎤ + ⎡g⎤ bzw. ⎡Strg⎤ + ⎡Umschalt⎤ + ⎡G⎤ oder **Entwicklertools / Makros**.

Abbildung 12: Beide Makros werden im Fenster gezeigt

Das Fenster **Makro** wird weiter unten beschrieben.

3 Eine Mappe mit Makros speichern

Wenn Sie eine Mappe speichern, die ein Makro enthält, dann müssen Sie diese Mappe als .xlsm Datei speichern. Das **m** steht für **Makro**.

- Wählen Sie die Befehlsfolge **Datei / Speichern unter**.
- Geben Sie Ihrer Mappe einen Dateinamen und wählen Sie im Feld **Dateityp** den Eintrag **Excel Arbeitsmappe mit Makros (*.xlsm)**.

Wenn Sie die Mappe als .xlsx speichern, erscheint die folgende Meldung:

Abbildung 13: Der Hinweis auf den möglichen Verlust der Makros

Wenn Sie jetzt auf **Ja** klicken, können Sie das Makro immer noch starten.

Sobald Sie die Mappe schließen und erneut öffnen, ist das Makro allerdings gelöscht.

Wenn Sie auf **Nein** klicken, geht das Fenster **Speichern unter** erneut auf.

- Wählen Sie jetzt UNBEDINGT im Feld **Dateityp** den Eintrag **Excel Arbeitsmappe mit Makros (*.xlsm)** aus.

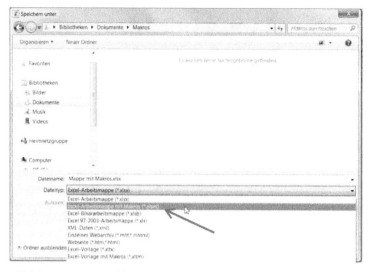

Abbildung 14: Die Wahl des Dateityps

- Klicken Sie auf die Schaltfläche **Speichern**.

Jetzt werden die Makros in der Mappe gespeichert.

⌐ Tipp

Wenn Sie Ihre Mappe im alten Dateiformat (*.xls) speichern, werden automatisch alle Makros gespeichert. Auch beim neuen, sehr viel Speicherplatz sparenden Format *.xlsb, werden alle Makros gespeichert.

⌐

Eine Mappe mit Makros öffnen

Wenn Sie eine Mappe mit Makros das erste Mal öffnen, erscheint die folgende Meldung.

Abbildung 15: Der Hinweis auf Makros in der Mappe

- Klicken Sie auf die Schaltfläche **Makros aktivieren**.
- Außerdem erscheint ein gelber Hinweis, den Sie auch noch einmal mit einem Klick auf die Schaltfläche **Inhalt aktivieren** bestätigen müssen.

Abbildung 16: Einmal muss diese Meldung bestätigt werden

Jetzt ist die Mappe geöffnet und Sie können mit der Arbeit beginnen.

Sie erkennen auch am Dateisymbol, dass sich mindestens ein Makro in der Datei befindet.

Mappe mit Makro   Mappe ohne Makro

Abbildung 17: Die unterschiedlichen Dateisymbole für Excel Mappen

Die Sicherheitseinstellungen für Makros

Sie entscheiden, ob Sie überhaupt Mappen mit Makros öffnen können.

- Wählen Sie **Datei / Optionen** und markieren Sie die Kategorie **Sicherheitscenter**.

Abbildung 18: Der Weg zu den Sicherheitseinstellungen

- Klicken Sie auf die Schaltfläche **Einstellungen für das Sicherheitscenter**.
- Aktivieren Sie die Kategorie **Einstellungen für Makros**.

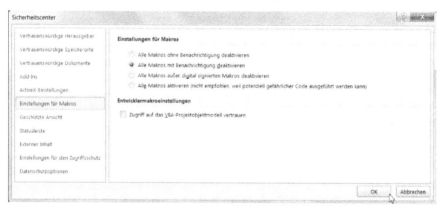

Abbildung 19: Die Sicherheitseinstellungen für alle Makros

Alternativ können Sie auch die Befehlsfolge **Entwicklertools / Makrosicherh.** wählen.

Je nach Einstellung, können Sie eventuell in diesem Fenster keine Einstellungen vornehmen, weil Sie keine Berechtigung dazu haben.

Mit der Option **Alle Makros ohne Benachrichtigung deaktivieren** können Sie Mappen mit Makros öffnen und in den Tabellen arbeiten. Wenn Sie allerdings versuchen ein Makro zu starten, erscheint die folgende Meldung:

Abbildung 20: Die Makros können nicht gestartet werden

Wenn Sie jetzt doch das Makro ausführen möchten, müssen Sie in das oben beschriebene Fenster wechseln und die zweite Option aktivieren. Danach müssen Sie Excel neu starten.

Bei der Option **Alle Makros mit Benachrichtigung deaktivieren** erscheint beim Öffnen einer Mappe, die Makros enthält, ein gelber Hinweis, über der Tabelle.

Abbildung 21: Zurzeit können Sie Makros aus dieser Mappe nicht gestartet werden

Sie können diesen gelben Hinweis ignorieren oder auch mit einem Klick am rechten Rand auf den Schalter **Diese Meldung schließen** weg drücken.

Wenn Sie versuchen ein Makro, das in dieser Mappe gespeichert ist, zu starten, erscheint der folgende Hinweis:

Abbildung 22: Der Hinweis, dass die Makros noch nicht aktiviert wurden

Jetzt müssen Sie die Mappe schließen und erneut öffnen. Klicken Sie nun auf die Schaltfläche **Inhalt aktivieren**. Dann können Sie alle Makros ausführen.

Wenn Sie die Option **Alle Makros außer digital signierten Makros deaktivieren** aktivieren, erscheint der oben beschriebene gelbe Hinweis nicht. Wenn Sie versuchen ein nicht signiertes Makro zu starten, erscheint das Fenster aus der vorherigen Abbildung.

Sie können nur zertifizierte Makros starten. Wie Sie ein Zertifikat erhalten, erfahren Sie auf den Webseiten von Microsoft.

Die Option **Alle Makros aktivieren** sollten Sie nicht setzen.

4 Makros starten

Wenn Sie ein Makro starten möchten das keine Tastenkombination hat, müssen Sie das Makro-Fenster öffnen.

- Wählen Sie **Entwicklertools / Makros** oder drücken Sie die Tastenkombination ⌶Alt⌷ + ⌶F8⌷.

Abbildung 23: Ein bestimmtes Makro ausführen

In diesem Fenster sehen Sie alle Makros, die Ihnen zurzeit zur Verfügung stehen. Sollten weitere Mappen mit Makros geöffnet sein, würden diese Makros auch in diesem Fenster stehen.

- Mit einem Klick auf die Schaltfläche **Ausführen** starten Sie das markierte Makro.

Formularsteuerelement Schaltfläche

Sie können zum Starten von Makros Schaltflächen auf Ihrem Tabellenblatt einrichten.

- Aktivieren Sie das Register **Entwicklertools**, klicken Sie auf die Schaltfläche **Einfügen** und starten Sie den Befehl **Schaltfläche**.
- Ihr Mauszeiger wird zu einem kleinen Kreuz. Ziehen Sie die Schaltfläche an der gewünschten Stelle in Ihrem Tabellenblatt auf.

Abbildung 24: Das Formularsteuerelement Schaltfläche auswählen

Nachdem Sie die Maustaste losgelassen haben, erscheint das Fenster **Makro zuweisen**.

- Wählen Sie das gewünschte Makro aus und bestätigen Sie mit **OK**.

Abbildung 25: Das Makro der Schaltfläche zuweisen

- Klicken Sie jetzt einmal auf eine Zelle und anschließend auf die neue Schaltfläche.

Wenn Sie nun mit der Maus auf die Schaltfläche zeigen, wechselt der Mauszeiger zu einem Handsymbol. Mit einem Klick starten Sie das Makro.

Abbildung 26: Das Makro über die Schaltfläche starten

Das Makro wird jetzt ausgeführt.

Eine Schaltfläche bearbeiten

Mit einem Rechtsklick auf die Schaltfläche starten Sie den Bearbeitungsmodus.

Es gibt viele Gründe, eine Schaltfläche zu bearbeiten.

- Wenn Sie die Beschriftung ändern möchten, klicken Sie mit der rechten Maustaste auf die Schaltfläche und wählen Sie den Befehl **Text bearbeiten**.
- Um ein anderes Makro zuzuweisen, klicken Sie mit der rechten Maustaste auf die Schaltfläche und wählen Sie den Befehl **Makro zuweisen**.
- Wenn Sie den Text gestalten möchten, wählen Sie den Befehl **Steuerelement formatieren** im Kontextmenü der rechten Maustaste.
- Um die Position oder die Größe zu verändern, müssen Sie die Schaltfläche mit einem Rechtsklick markieren. Jetzt können Sie durch Ziehen an den acht Punkten die Größe ändern.

Um zu testen, ob die Schaltfläche noch funktioniert, klicken Sie einmal in eine Zelle, um die Markierung aufzuheben.

Abbildung 27: Das gestaltete Makro über die Schaltfläche starten

Klicken Sie auf die Schaltfläche.

Sie entfernen eine Schaltfläche, indem Sie mit der rechten Maustaste darauf klicken, mit einem erneuten Klick auf die Schaltfläche das Kontextmenü schließen und dann die Taste $\boxed{\text{Entf}}$ drücken.

⌐ **Tipp**

Wenn Sie beim Ziehen der Schaltfläche die $\boxed{\text{Alt}}$-Taste festhalten, passt sich das Element an die Zellgrößen an. Über die Befehlsfolge **Steuerelement formatieren / Eigenschaften / Von Zellposition und –größe abhängig** stellen Sie sicher, dass das Element immer innerhalb dieser Zellen bleibt, auch wenn die Spaltenbreite verändert wird.

⌐

Formelemente zum Starten eines Makros

Makros können auch durch einen Klick auf ein Formelement gestartet werden.

Im folgenden Schritt wird das Starten eines Makros über ein Formelement beschrieben. Das Starten über einen Clip oder ein Foto (Grafik) funktioniert analog.

- Wählen Sie **Einfügen / Formen**.
- Nachdem Sie das Foto eingefügt haben, klicken Sie mit der rechten Maustaste darauf und wählen Sie den Befehl **Makro zuweisen**.

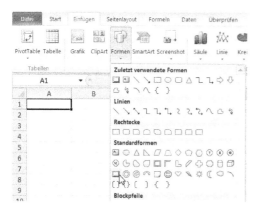

Abbildung 28: Ein Formelement auswählen

- Ziehen Sie das Element auf Ihrem Tabellenblatt auf. Halten Sie beim Ziehen die ⌐Alt⌐-Taste gedrückt, wenn das Element passgenau in die Zellen eingefügt werden soll.

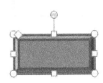

Abbildung 29: Das Formelement

- Klicken Sie mit der rechten Maustaste auf das Formelement und wählen Sie den Befehl **Makro zuweisen**.

Abbildung 30: Ein Makro zuweisen

- Wählen Sie im gleichnamigen Fenster das gewünschte Makro aus und bestätigen Sie mit **OK**.
- Solange das Element markiert ist, können Sie eine Beschriftung einfügen.
- Über das Register **Format** können Sie das Aussehen des Formelements ändern.

Wenn Sie nun mit der Maus auf das Element zeigen, wechselt der Mauszeiger zu einem Handsymbol.

Abbildung 31: Das Makro über ein Formelement starten

Mit einem Klick starten Sie das Makro.

Makros über die Symbolleiste für den Schnellzugriff starten

Um ein Makro über eine Schaltfläche, beispielsweise auf der Symbolleiste für den Schnellzugriff zu starten, führen Sie die folgenden Schritte durch:

- Wählen Sie **Datei / Optionen** und aktivieren Sie die Kategorie **Symbolleiste für den Schnellzugriff**.

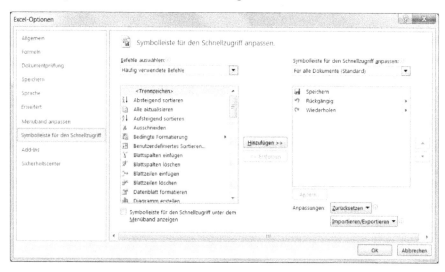

Abbildung 32: Die Symbolleiste für den Schnellzugriff anpassen

- Öffnen Sie das rechte Listenfeld **Symbolleiste für den Schnellzugriff anpassen** und wählen Sie die aktuelle Datei.

Abbildung 33: Die Symbole sollen nur in der Datei angezeigt werden

- Stellen Sie anschließend im Listenfeld **Befehle auswählen** den Eintrag **Makros** ein.

- Markieren Sie das gewünschte Makro und klicken Sie auf die Schaltfläche **Hinzufügen**.

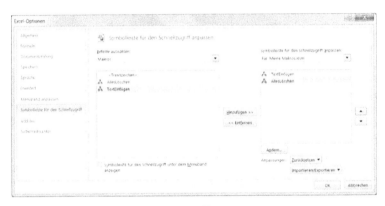

Abbildung 34: Die Liste aller Makros öffnen

- Führen Sie diese Schritte für alle Makros durch, die Sie gleich in der Symbolleiste für den Schnellzugriff sehen möchten.

- Sie können den Text und das Symbol des Makros ändern. Markieren Sie das Makro und klicken Sie auf die Schaltfläche **Ändern**.

- Wählen Sie das gewünschte Symbol aus und ändern Sie, wenn gewünscht, den Text.

Abbildung 35: Einem Makro ein Symbol und eine neue Bezeichnung zuweisen

- Bestätigen Sie mit **OK**.

Jetzt können Sie Ihre Makros über die Symbolleiste für den Schnellzugriff ausführen.

Abbildung 36: Die angepasste Symbolleiste für den Schnellzugriff

Der kleine senkrechte Strich links neben dem ersten von Ihnen eingefügt Schalter zeigt, dass diese beiden Symbole nur in der aktuellen Mappe gezeigt werden.

⌐ **Tipp**

Wenn Sie ein Makro für alle Mappen einsetzen möchten, dann lassen Sie im Listenfeld **Symbolleiste für den Schnellzugriff anpassen** den Eintrag **Für alle Dokumente (Standard)** stehen.

⌐

Ein Register für Ihre Makros erstellen

Wenn Sie viele Makros erstellt und diese in Ihrer persönlichen Makroarbeitsmappe abgelegt haben, dann können Sie dafür auch ein eigenes Register im Menüband erstellen.

- Wählen Sie **Datei / Optionen / Menüband anpassen**.
- Klicken Sie auf die Schaltfläche **Neue Registerkarte**.

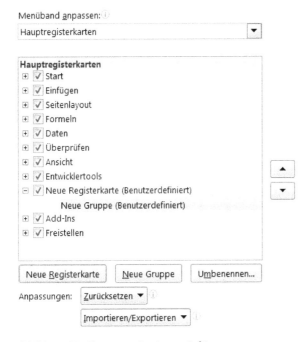

Abbildung 37: Ein neues Register einfügen

- Mit einem Rechtsklick und dem Befehl **Umbenennen** können Sie dem Register und der Gruppe individuelle Namen geben.
- Stellen Sie anschließend im Listenfeld **Befehle auswählen** den Eintrag **Makros** ein.
- Markieren Sie das gewünschte Makro und klicken Sie auf die Schaltfläche **Hinzufügen**.
- Führen Sie diese Schritte für alle Makros durch, die Sie gleich auf dem Register als Icon sehen möchten.

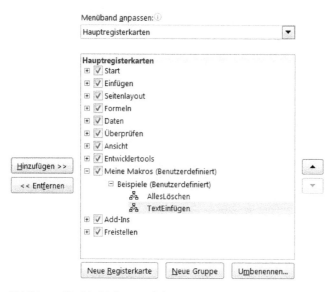

Abbildung 38: Die Makros auf dem neuen Register

- Sie können den Text und das Symbol des Icons ändern. Klicken Sie dazu auf die Schaltfläche **Umbenennen**.
- Wählen Sie das gewünschte Symbol aus und ändern Sie den Text.
- Ziehen Sie Ihr Register an die gewünschte Position oder nutzen Sie die beiden Schaltfläche **Nach oben** bzw. **Nach unten**.
- Bestätigen Sie mit **OK**.

Abbildung 39: Ihr neues Register

Das Register wird ab jetzt bei jedem Start von Excel angezeigt.

5 Der Speicherort eines Makros

Der Speicherort eines Makros ist sehr wichtig. Beim Erstellen eines Makros können Sie individuell entscheiden, wo es gespeichert wird.

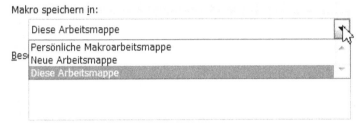

Makro speichern in:

| Diese Arbeitsmappe |
| Persönliche Makroarbeitsmappe |
| Neue Arbeitsmappe |
| Diese Arbeitsmappe |

Abbildung 40: Beim Aufzeichnen den Speicherort des Makros wählen

Im vorherigen Beispiel wurden beide Makros in der aktuellen Mappe gespeichert. Diese Makros werden nur dann ausgeführt, wenn diese Mappe geöffnet ist. Deshalb empfiehlt es sich, Makros, von denen Sie wissen, dass sie nur in einer Mappe benötigt werden, in der entsprechenden Mappe zu speichern.

Die persönliche Makroarbeitsmappe

Die persönliche Makroarbeitsmappe steht Ihnen bei der Arbeit mit Excel immer zur Verfügung. Sie wird beim Starten von Excel im Hintergrund geöffnet und ist eine Excel Mappe mit dem Namen **PERSONAL.XLSB**.

Da die **PERSONAL.XLSB** immer geöffnet ist, sollten Sie alle Makros, die Sie in verschiedenen Mappen benötigen, darin abspeichern.

⌐ **Tipp**

Die Endung .xlsb sollten die Dateien bekommen, die große Datenmengen beinhalten. Makros werden sowohl in .xlsm als auch in .xlsb und .xls Mappen gespeichert.

⌐

Nach der Installation von Excel haben Sie zunächst keine persönliche Makroarbeitsmappe. Sie müssen beim Aufzeichnen eines Makros einmal als Speichertort die persönliche Makroarbeitsmappe wählen, dann steht sie Ihnen zur Verfügung.

Prüfen, ob eine persönliche Makroarbeitsmappe existiert

Sollten Sie sich nicht sicher sein, ob Sie bereits eine persönliche Makroarbeitsmappe haben, können Sie dies mit dem folgenden Befehl testen:

- Wählen Sie die Befehlsfolge **Ansicht / Einblenden**.

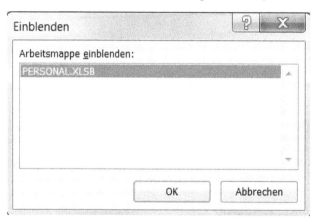

Abbildung 41: Ausgeblendete Mappen einblenden

Wenn der Befehl **Einblenden** aktiv ist, starten Sie ihn. Jetzt erkennen Sie, welche Mappen zurzeit ausgeblendet sind.

- Schließen Sie das Fenster wieder mit einem Klick auf **Abbrechen** oder lesen Sie jetzt im übernächsten Abschnitt weiter.

Sollte der Befehl **Einblenden** nicht aktiv sein, haben Sie keine persönliche Makroarbeitsmappe.

Die persönliche Makroarbeitsmappe erstellen

Im folgenden Schritt geht es nicht darum, ein weiteres Makro zu erstellen, sondern nur darum, die persönliche Makroarbeitsmappe zu erzeugen. Sollte sich Excel weigern ein Makro aufzuzeichnen, dann lesen Sie das Kapitel *Die Aufzeichnung in die pers. Makroarbeitsmappe klappt nicht*.

- Wählen Sie **Entwicklertools / Makro aufzchn**. oder klicken Sie auf die Schaltfläche ▦ in der Statusliste.

- Wählen Sie als Speicherort die **persönliche Makroarbeitsmappe** und starten Sie die Aufzeichnung.

- Klicken Sie in eine Zelle und beenden Sie die Aufzeichnung, indem Sie auf die Schaltfläche ▦ in der Statusliste klicken.

Im Hintergrund hat Excel jetzt die Datei **PERSONAL.XLSB** erzeugt und das kleine Makro dort gespeichert.

Die persönliche Makroarbeitsmappe ansehen

Da die persönliche Makroarbeitsmappe eine Excel-Mappe ist, können Sie diese öffnen. Allerdings wäre der Weg über das Fenster **Öffnen** zu umständlich, da sie nicht im Standardordner gespeichert ist.

- Wählen Sie die Befehlsfolge **Fenster / Einblenden.**

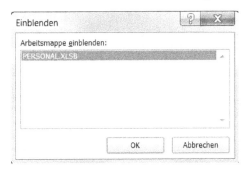

Abbildung 42: Die PERSONAL.XLSB einblenden

- Markieren Sie **PERSONAL.XLSB** und bestätigen Sie mit **OK**.

Diese Mappe besteht nur aus einem Tabellenblatt. Sie sollten diese Mappe nur zum Speichern Ihrer Makros nutzen. Daher sollte sie nicht sichtbar sein.

- Blenden Sie die Mappe wieder über die Befehlsfolge **Fenster / Ausblenden** aus.

Sie können sicher sein, dass sie Ihnen beim nächsten Start von Excel wieder zur Verfügung steht.

Die persönliche Makroarbeitsmappe speichern

Wenn Sie Änderungen an der **PERSONAL.XLSB** vorgenommen, also Makros dort hinein gespeichert haben, erscheint das folgende Fenster, wenn Sie Excel schließen:

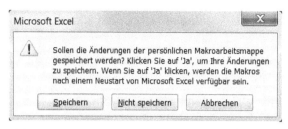

Abbildung 43: Die PERSONAL.XLSB speichern

- Klicken Sie auf die Schaltfläche **Speichern**.

Die Aufzeichnung in die pers. Makroarbeitsmappe klappt nicht

Es kann passieren, dass Sie beim Starten der Aufzeichnung das folgende Fenster erhalten.

Abbildung 44: Das Aufzeichnen kann nicht gestartet werden

Dies ist der Hinweis, dass eine persönliche Makroarbeitsmappe existiert, diese aber nicht im Hintergrund geöffnet ist.

- Nachdem Sie beide Hinweise mit **OK** bestätigt haben, führen Sie die folgenden Schritte durch:
- Öffnen Sie über den Windows-Explorer den Ordner **XLStart** und dann die Mappe **PERSONAL.XLSB**.
- Wählen Sie im Anschluss **Fenster / Ausblenden**.

Jetzt können Sie die Aufzeichnung starten.

Die persönliche Makroarbeitsmappe sichern

Nach der Standardinstallation von Office finden Sie den Ordner **XLStart** über den folgenden Pfad:

`C:\Users\IHR_NAME\AppData\Roaming\Microsoft\Excel\XLSTART`

Oder

`C:\Benutzer\IHR_NAME\AppData\Roaming\Microsoft\Excel\XLSTART`

Sollten Sie den Ordner **AppData** nicht sehen, klicken Sie auf die Schaltfläche Organisieren und wählen Sie den Befehl **Ordner- und Suchoptionen**. Aktivieren Sie das Register **Ansicht** und setzen Sie die Option **Ausgeblendete Dateien, Ordner und Laufwerke anzeigen**.

6 Makros relativ aufzeichnen

Während der Aufzeichnung steht Ihnen auf dem Register **Entwicklertools** eine weitere Schaltfläche mit dem Namen ▦ **Relative Aufzeichnung** zur Verfügung.

Wenn diese Schaltfläche während der Aufzeichnung nicht aktiviert ist, merkt sich Excel die Zelladressen, die Sie während der Aufzeichnung anklicken.

Folgende Beispiele sollen dies verdeutlichen:

Aufzeichnung ohne relativen Verweis

Die Zelle A1 ist zu Beginn markiert.

- Starten Sie die Aufzeichnung.
- Dann klicken Sie in die Zelle C2 und geben einen Text ein.
  Das Makro merkt sich die Zelladresse C2 und den Text.
- Dann klicken Sie in die Zelle C4 und geben einen Text ein.
  Das Makro merkt sich die Zelladresse C4 und den Text.
- Drücken Sie ⌷Eingabe⌷. Excel merkt sich die Zelladresse C5.
- Beenden Sie die Aufzeichnung.

Egal, welche Zelle beim Starten des Makros aktiviert ist, es läuft immer in den Zellen C2 und C4 und endet in C5.

Aufzeichnung mit relativem Verweis

Die Zelle A1 ist zu Beginn markiert.

- Starten Sie die Aufzeichnung.
- Klicken Sie auf die Schaltfläche ▦ **Relative Aufzeichnung** auf dem Register **Entwicklertools**.
- Dann klicken Sie in die Zelle C2 und geben einen Text ein.
  Das Makro merkt sich eine Zeile nach unten und zwei Spalten nach rechts.
- Dann klicken Sie in die Zelle C4.
  Das Makro merkt sich zwei Zeilen nach unten, in derselben Spalte.

- Geben Sie den Text ein. Drücken Sie Eingabe .
  Das Makro merkt sich: Eine Zeile nach unten in derselben Spalte.
- Beenden Sie die Aufzeichnung.

Wenn Sie dieses Makro mit relativem Verweis jetzt starten und der Cursor zu Beginn in der Zelle B2 steht, dann wird der Text in die Zellen D3 und D5 geschrieben.

Beim Aufzeichnen werden alle Zelladressen in Abhängigkeit zur vorherigen Zelladresse ermittelt. Also ist es wichtig, welche Zelle markiert ist, bevor Sie die Aufzeichnung starten.

Beachten Sie, dass die Schaltfläche **Relative Aufzeichnung** jetzt beim nächsten Starten der Aufzeichnung aktiviert ist und Sie sie ggf. wieder deaktivieren müssen.

Mögliche Fehlermeldung

Beim Starten eines Makros mit einem relativen Zellbezug kann es zu Fehlermeldungen kommen.

Stellen Sie sich vor, Sie haben ein Makro mit einem relativen Zellbezug aufgezeichnet. Der Cursor stand beim Starten in der Zelle D1. Im ersten Schritt haben Sie in die Zelle A1 geklickt. Danach haben Sie weitere Schritte durchgeführt und die Aufzeichnung beendet.

Wenn der Cursor beim Ausführen des Makros in der Zelle B2 steht, erscheint die folgende Fehlermeldung:

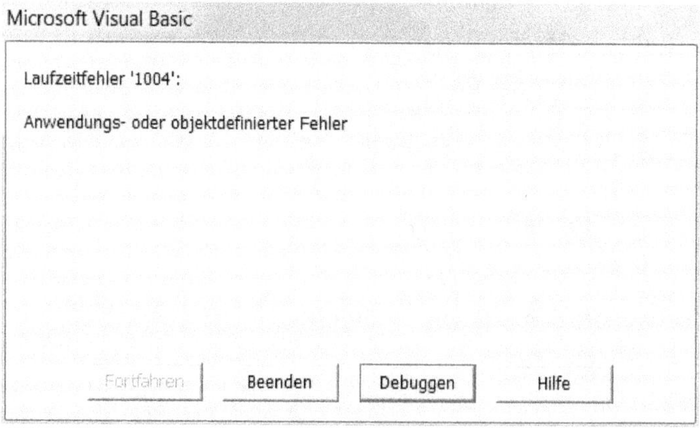

Microsoft Visual Basic

Laufzeitfehler '1004':

Anwendungs- oder objektdefinierter Fehler

Fortfahren   Beenden   Debuggen   Hilfe

Abbildung 45: Die Fehlermeldung

Excel versucht jetzt, den Cursor zwei Spalten nach links zu setzen. Da dies nicht geht, erscheint die Fehlermeldung.

Klicken Sie auf die Schaltfläche **Beenden**. Damit stoppen Sie das Makro.

Setzen Sie den Cursor in die Zelle D1 und starten Sie das Makro erneut. Jetzt läuft es fehlerfrei durch.

Lesen Sie dazu auch das Kapitel *Mögliche Fehlermeldungen*.

Der Makrocode zu den beiden Makros

Wenn Sie sich den Makrocode der beiden Makros anzeigen lassen möchten, drücken Sie die Tastenkombination $\boxed{\text{Alt}}$ + $\boxed{\text{F11}}$.

```
Sub FesteZelladressen()

    Range("C2").Select
    ActiveCell.FormulaR1C1 = "Test"
    Range("C4").Select
    ActiveCell.FormulaR1C1 = "Test"
    Range("C5").Select
End Sub
Sub RelativeZelladressen()

    ActiveCell.Offset(1, 2).Range("A1").Select
    ActiveCell.FormulaR1C1 = "Test"
    ActiveCell.Offset(2, 0).Range("A1").Select
    ActiveCell.FormulaR1C1 = "Test"
    ActiveCell.Offset(1, 0).Range("A1").Select
End Sub
```

Abbildung 46: Der Makrocode zeigt den Unterschied der Zelladressierung

Im Makro **RelativeZelladressen** erkennen Sie im Befehl **ActiveCell.Offset(1, 2)** keine feste Zelladresse. Von der aktuellen Zelle geht es eine Zeile nach unten und zwei Spalten nach rechts.

⌐ Hinweis

Weiter unten in diesem Buch gibt es ein Beispiel zum Löschen leerer Zeilen. Hier wird die relative Aufzeichnung verwendet.

⌐

Weitere Beispiele für die relative Adressierung

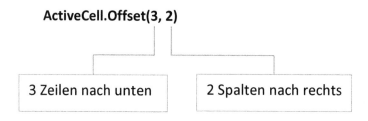

ActiveCell.Offset(3, 2)

| 3 Zeilen nach unten | 2 Spalten nach rechts |

ActiveCell.Offset(-2, -2)

| 2 Zeilen nach oben | 2 Spalten nach links |

7 Der VBA Editor

Wenn Sie sich ansehen möchte, wie Excel Ihre Makros sieht, wechseln Sie in den VBA Editor.

Die Abkürzung VBA steht für **V**isual **B**asic for **A**pplication.

- Wählen Sie die Befehlsfolge **Entwicklertools / Visual Basic** oder drücken Sie die Tastenkombination $\boxed{\text{Alt}}$ + $\boxed{\text{F11}}$.

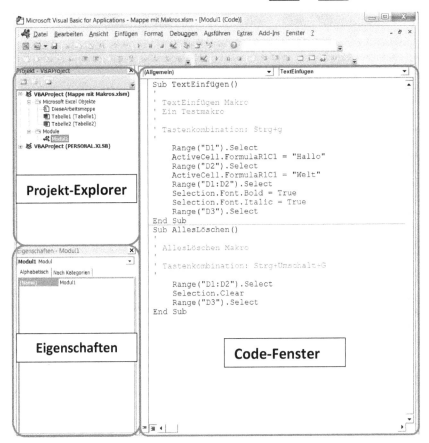

Abbildung 47: Der VBA Editor zeigt den Inhalt der Makros

Im oberen Teil erkennen Sie die **Titelleiste**. Der Visual Basic Editor ist eine eigene Anwendung. Über die Taskleiste wechseln Sie zwischen Excel und dem Visual Basic Editor hin und her, oder Sie lassen sich beide Fenster nebeneinander anzeigen.

Als nächstes finden Sie die **Menüleiste** und die **Symbolleiste**. Darunter liegen dann der **Projekt-Explorer**, der **Eigenschaften** Bereich und das **Code** Fenster.

Sollte bei Ihnen der **Eigenschaften** Bereich nicht sichtbar sein, schalten Sie ihn mit einem Klick auf die Schaltfläche **Eigenschaften** ein. Sie können auch die Befehlsfolge **Ansicht / Eigenschaftenfenster** wählen.

Sollte das **Code** Fenster mit den Makros nicht sichtbar sein, doppelklicken Sie auf den Eintrag **Modul1** im Projekt-Explorer.

Der Projekt-Explorer

Im Projekt-Explorer sehen Sie alle zurzeit geöffneten Mappen, egal, ob sie in Excel sichtbar sind, oder nicht.

Sie erkennen zusätzlich zum Ordner **Module**, in dem die Makros gespeichert sind, die Excel Mappe. Jedes Tabellenblatt hat eine eigene Zeile. Zusätzlich hat die ganze Mappe auch noch einmal eine Zeile **Diese Arbeitsmappe**. In diesen Elementen können Sie direkt mit **Visual Basic für Application** programmieren. Diese Makros gelten aber nur für das jeweilige Objekt, in dem Sie stehen / das gerade markiert ist.

Abbildung 48: Der Projekt Explorer

Wenn sich in einer Excel Mappe Makros befinden, dann gibt es einen Ordner mit dem Namen **Module**. In diesem Ordner werden die Modulblätter angezeigt. In den Modulblättern wiederum werden die Makros gezeigt.

⌐ Hinweis

Wenn Makros in Ihrer Mappe existieren, Sie aber keinen Ordner Module sehen, dann sind die Makros in den Excel Objekten **Diese Arbeitsmappe** oder beispielsweise **Tabelle1** gespeichert.

Lesen Sie im nächsten Kapitel *Makros bearbeiten*, wie Sie sich diese Makros anzeigen lassen und wie Sie sie ggf. löschen.

⌐

Um die Modulblätter zu sehen, klicken Sie auf das Plus-Symbol vor dem Ordner **Module**. Erst jetzt erkennen Sie, wie viele Modulblätter Sie in Ihrer Excel Mappe gespeichert haben. Excel nummeriert die Modulblätter automatisch durch.

Ein Modulblatt kann ein Makro oder viele Makros enthalten. Mit einem Doppelklick lassen Sie sich den Inhalt des Modulblattes anzeigen. Alternativ können Sie auch auf die Schaltfläche ▦ **Code anzeigen** oben im Projekt Explorer klicken.

Sie können die Anzeige der Projekte ändern. Klicken Sie auf die Schaltfläche ▟ **Ordner wechseln**. Jetzt sehen Sie alle Elemente des Projekts auf einen Blick.

Abbildung 49: Die Schalter im Projekt Explorer

⌐ Hinweis

Wenn Makros in Ihrer Mappe existieren, Sie sehen aber keinen Ordner Module, dann sind Makros in den Excel Objekten **Diese Arbeitsmappe** oder beispielsweise **Tabelle1** gespeichert.

⌐

Die Eigenschaften

Im Bereich **Eigenschaften** können Sie die Modulblätter umbenennen.

Sollte der Eigenschaftenbereich nicht angezeigt werden, können Sie ihn mit einem Klick auf die Schaltfläche ⬚ **Eigenschaftenfenster** in der Symbolleiste oder mit der Befehlsfolge **Ansicht / Eigenschaftenfenster** einblenden.

Markieren Sie das Modulblatt im Ordner **Module**, das Sie umbenennen möchten.

- Klicken Sie im Bereich **Eigenschaften** ins Feld **Name**.
- Geben Sie den gewünschten Namen ein und drücken Sie zur Bestätigung Eingabe.

Beachten Sie dabei unbedingt, dass Sie keine Namen vergeben, die in Excel vorkommen, wie beispielsweise **Einfügen**, **Summe**, **Range** usw.. Dies kann zu teilweise recht unverständlichen Fehlermeldungen führen. Leerzeichen und Sonderzeichen, wie beispielsweise !, <, usw. sind nicht erlaubt.

⌐ **Hinweis**

Richtig zum Zuge kommt der Eigenschaftenbereich erst beim Erstellen der UserForms (Fenster).

⌐

Das Code-Fenster

Im Code Fenster werden die Makros angezeigt.

Sie erkennen die Trennung zwischen zwei Makros an der durchgezogenen Linie.

Um ein Makro aus dem Code Fenster heraus zu starten, setzen Sie den Cursor in das gewünschte Makro und drücken Sie die Taste F5 oder klicken Sie auf die Schaltfläche ▷ **Ausführen**.

Grüne Schrift / Kommentare

Der Text in grüner Schrift zählt nicht zum Code. Er dient zum Kommentieren der Codezeile.

```
Sub TextEinfügen()

' TextEinfügen Makro
' Ein Testmakro
'
' Tastenkombination: Strg+g
'
    Range("D1").Select
    ActiveCell.FormulaR1C1 = "Hallo"
    Range("D2").Select
    ActiveCell.FormulaR1C1 = "Welt"
    Range("D1:D2").Select
    Selection.Font.Bold = True
    Selection.Font.Italic = True
    Range("D3").Select
End Sub
```

Abbildung 50: Die Kommentare im Makrocode

Sie erhalten grünen Text, in dem Sie am Zeilenanfang den ⟨'⟩ Apostroph tippen, dann den gewünschten Text erfassen und am Ende ⟨Eingabe⟩ drücken.

Um eine Codezeile zu kommentieren, klicken Sie hinter den letzten Buchstaben und drücken Sie einmal auf die Leertaste. Jetzt können Sie den Apostroph und den Text eintippen.

Mitten in einer Codezeile dürfen Sie keinen Kommentar eintippen, weil sonst der restliche Code auch als Kommentar interpretiert wird.

Die Schrift vergrößern

Um die Schriftgröße im ganzen Codefenster zu verändern, führen Sie die folgenden Schritte durch:

- Wählen Sie **Extras / Optionen**.
- Aktivieren Sie das Register **Editorformat**.

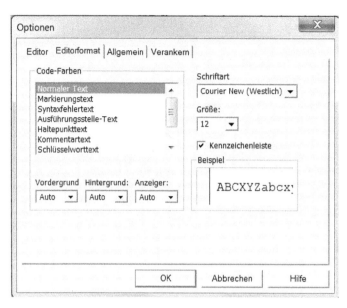

Abbildung 51: Den Makrocode vergrößern

- Stellen Sie das gewünschte Format ein.
- Bestätigen Sie mit **OK**.

Ab jetzt wird die Schrift im Codefenster für alle Makros vergrößert.

Die Elemente der Ansicht verankern

Die erste Abbildung in diesem Kapitel zeigt die Standardansicht des VBA-Editors. Im linken Teil werden der Projekt-Explorer und darunter die Eigenschaften angezeigt. Im rechten Teil zeigt das Code-Fenster die Makros.

Sie können diese Ansicht allerdings verändern, so dass jedes dieser drei Elemente in einem separaten Fenster gezeigt wird.

- Klicken Sie mit der rechten Maustaste auf den blauen Titel des Projekt-Explorers und deaktivieren Sie den Befehl **Verankerbar**.

Abbildung 52: Die Elemente im VBA Editor frei positionieren

Führen Sie diesen Schritt auch für den blauen Titel der Eigenschaften durch.

- Alle Elemente werden nun in separaten Fenstern gezeigt. Über das Menü **Fenster** wechseln Sie zwischen den Elementen hin und her.

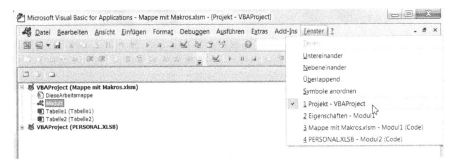

Abbildung 53: Die Anzeige der Elemente des VBA Editors

Man nutzt diese Anzeige, um umfangreichen Code besser lesen zu können.

- Wenn Sie wieder die klassische Darstellung wünschen, lassen Sie sich den Projekt-Explorer anzeigen und klicken Sie mit der rechten Maustaste in den leeren Bereich.

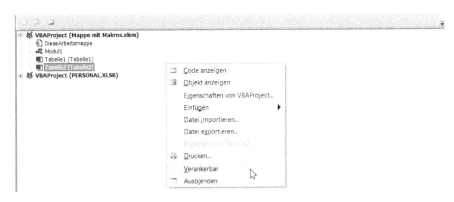

Abbildung 54: Die Ursprungsansicht wiederherstellen

- Aktivieren Sie den Befehl **Verankerbar**.
- Lassen Sie sich dann die Eigenschaften anzeigen, führen Sie dort auch den Rechtsklick im leeren Bereich durch und starten Sie auch dort den Befehl **Verankerbar**.

Jetzt erkennen Sie wieder die Darstellung, wie sie zu Beginn war.

8 Makros bearbeiten

Das Fenster Makro

Im Fenster **Makro** sehen Sie alle Makros, die Ihnen zurzeit zur Verfügung stehen.

- Wählen Sie **Entwicklertools / Makros** oder drücken Sie die Tastenkombination [Alt] + [F8].

Abbildung 55: Im Fenster Makros sehen Sie alle Makros

Die Liste der Makros, die Sie ausführen können.

Wenn Ihnen die Liste zu unübersichtlich ist, wählen Sie über das Feld **Makros in** die Mappe aus, deren Makros Sie sehen möchten.

Mit einem Klick auf die Schaltfläche **Bearbeiten** öffnen Sie den VBA Editor und Sie sehen den Code des markierten Makros.

Mit einem Klick auf die Schaltfläche **Schritt** aktivieren Sie auch den VBA Editor. Die erste Zeile Ihres Makrocodes ist gelb markiert. Jetzt können Sie durch Drücken der Taste F8 das Makro Schritt für Schritt ausführen und auf dem Tabellenblatt zuschauen, was Ihr Makro macht.

Hinweis

Wenn Sie mit der F8 Taste arbeiten, sollten Sie zum Schluss im VBA-Editor in der Symbolleiste auf die Schaltfläche ▇ **Zurücksetzen** klicken, damit keine Fehlermeldungen kommen.

Stellen Sie sich vor, Sie möchten einem Makro nachträglich eine Tastenkombination zuweisen, dann klicken Sie auf die Schaltfläche **Optionen**.

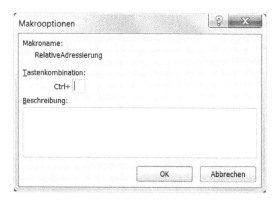

Abbildung 56: Nachträglich eine Tastenkombination zuweisen

Nutzen Sie dieses Fenster auch, wenn Sie die Tastenkombination vergessen haben.

Über die Schaltfläche **Löschen** entfernen Sie das markierte Makro. Lesen Sie alles zum Entfernen von Makros weiter unten in diesem Kapitel

Makros schützen

Wenn Sie möchten, dass andere Personen Ihre Makros nicht ändern können, dann weisen Sie Ihrem Makro ein Kennwort zu.

Ein Kennwort vergeben

Um ein Kennwort zuzuweisen, führen Sie die folgenden Schritte durch:

- Wechseln Sie mit der Tastenkombination $\boxed{\text{Alt}}$ + $\boxed{\text{F11}}$ in den VBA-Editor.
- Markieren Sie im Projekt Explorer die Datei, deren Makros Sie schützen möchten.
- Wählen Sie die Befehlsfolge **Extras / Eigenschaften für VBA-Project**.
- Aktivieren Sie das Register **Schutz**.
- Aktivieren Sie den Haken **Projekt für die Anzeige sperren**.
- Geben Sie das Kennwort ins gleichnamige Feld ein und wiederholen Sie es im Feld darunter.

Abbildung 57: Den Makros ein Kennwort zuweisen

- Bestätigen Sie Ihre Eingaben mit **OK**.

Speichern Sie Ihre Änderungen und schließen Sie die Mappe.

Nachdem Sie die Mappe wieder geöffnet haben, wird im Projekt Explorer die ganze Mappe mit nur einer Zeile gezeigt.

Abbildung 58: Geschützte Makros

Wenn Sie nun auf das Plus-Symbol klicken, erscheint die folgende Anzeige.

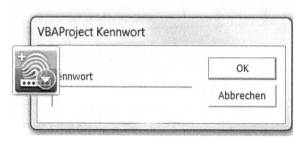

Abbildung 59: Die Eingabeaufforderung für das Makro

Geben Sie das Kennwort ein und arbeiten Sie wie gewohnt mit Ihren Makros.

⌐ Hinweis

Wenn Sie das Kennwort vergessen haben, suchen Sie im Web nach den Begriffen **Excel Kennwort VBA**. Es wird Software angeboten, die Ihnen das Kennwort anzeigt.

Makros exportieren / importieren

Stellen Sie sich vor, Sie haben einige Makros erstellt, die Sie einem Kollegen zur Verfügung stellen möchten. Dann können Sie entweder die ganze Excel-Mappe mit den Makros oder aber nur das Makroblatt zur Verfügung stellen.

Makros exportieren

Um ein Makroblatt zu exportieren, führen Sie die folgenden Schritte durch:

- Öffnen Sie die Mappe, in der die Makros gespeichert sind, die Sie exportieren möchten.
- Öffnen Sie den VBA-Editor mit der Tastenkombination $\boxed{\text{Alt}}$ + $\boxed{\text{F11}}$.
- Führen Sie auf dem gewünschten Modulblatt einen Rechtsklick durch und wählen Sie den Befehl **Datei exportieren**.

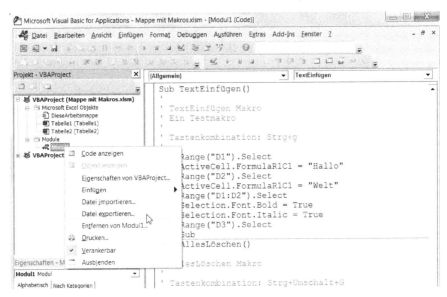

Abbildung 60: Ein Modulblatt in eine Datei exportieren

Bestimmen Sie im Fenster **Datei exportieren** den Dateinamen und den Speicherort.

- Klicken Sie auf die Schaltfläche **Speichern**.

Damit haben Sie aus dem Modulblatt eine Datei gemacht, die Sie dem Kollegen geben können. Die Dateiendung .bas steht für Basic-Datei.

Makros importieren

Wenn Sie eine Makrodatei erhalten haben, dann müssen Sie sie wieder in Excel importieren, um damit wie gewohnt arbeiten zu können.

Öffnen Sie die Excel-Mappe in die Sie die Datei importieren möchten.

- Wechseln Sie in den VBA-Editor.

- Machen Sie im Projekt-Explorer einen Rechtsklick auf den Dateinamen und wählen Sie den Befehl **Datei importieren**.

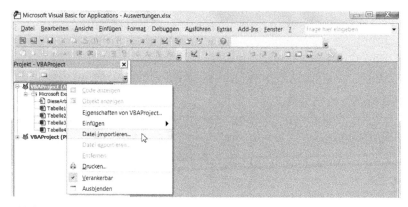

Abbildung 61: Ein Modulblatt importieren

- Markieren Sie die gewünschte Datei.

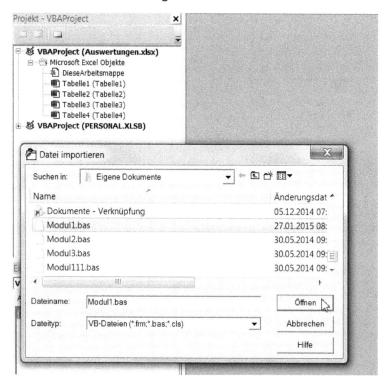

Abbildung 62: Die zu importierende Datei auswählen

- Klicken Sie zur Bestätigung auf die Schaltfläche **Öffnen**.

Durch diese Schritte haben Sie, wenn noch nicht vorhanden, einen Modulordner und das gewünschte Modulblatt erhalten. Sollte der Modulblattname bereits vorhanden sein, nummeriert Excel diesen weiter durch.

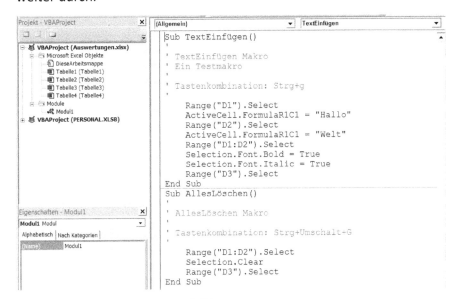

Abbildung 63: Das importierte Modulblatt

Es besteht keine Verbindung zu dem original Modulblatt.

Ein Makro bzw. ein Modulblatt entfernen

Stellen Sie sich vor, Sie haben viele Makros aufgezeichnet und Sie möchten etwas aufräumen. Die Makros, die Sie nur zu Testzwecken aufgezeichnet haben, sollen entfernt werden.

Ein Makro entfernen

Der erste Schritt ein Makro zu löschen geht über das Fenster **Makros**.

- Öffnen Sie die Mappe, in der die Makros gespeichert sind, die Sie löschen möchten.
- Öffnen Sie das Fenster **Makros** über die Tastenkombination ⌈Alt⌉ + ⌈F8⌉.
- Markieren Sie das Makro, das Sie löschen möchten und klicken Sie auf die Schaltfläche **Löschen**.

Abbildung 64: Ein Makro über das Fenster löschen

- Bestätigen Sie das Löschen mit einem Klick auf die Schaltfläche **Ja**. Damit ist das Makro entfernt.

⌐ Hinweis

Es können nur Makros gelöscht werden, die in der aktuellen Mappe gespeichert sind. Also können Makros aus der persönlichen Makrosarbeitsmappe über dieses Fenster nicht gelöscht werden.

⌐

Eine andere Lösung finden Sie im VBA-Editor. Markieren Sie alle Zeilen des Makros und drücken Sie die Taste Entf . Damit ist auch dieses Makro entfernt.

Ein Modulblatt löschen

Um ein Modulblatt zu löschen, führen Sie die folgenden Schritte durch:

- Öffnen Sie die Mappe, in der die Makros gespeichert sind, die Sie löschen möchten.
- Wechseln Sie über ⌐Alt⌐ + ⌐F11⌐ in den VBA-Editor.
- Klicken Sie mit der rechten Maustaste auf das Modulblatt und wählen Sie den Befehl **Entfernen von Modul1**.

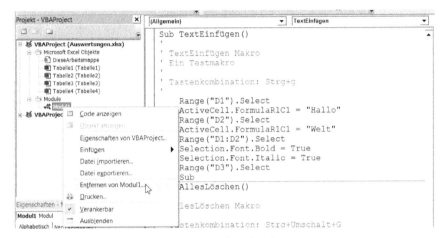

Abbildung 65: Ein Modulblatt mit allen Makros löschen

- Bestätigen Sie das Löschen mit einem Klick auf die Schaltfläche **Nein**.

Abbildung 66: Die Sicherheitsabfrage

Wenn Sie das Blatt mit allen Makros vorher exportieren möchten, lesen Sie das vorherige Kapitel.

Jetzt ist das Modulblatt entfernt.

Wenn das letzte Modulblatt entfernt wurde, ist auch der Ordner **Module** weg.

Nicht sichtbare Makros löschen

Es gibt noch andere Orte / Speicherorte für Makros:

Doppelklicken Sie im Projekt Explorer beispielsweise auf die Zeile **Diese Arbeitsmappe** oder auf die Tabellenblätter.

Im rechten Code Bereich erkennen Sie, ob dort Makros gespeichert sind.

Abbildung 67: Makros können auch in Excel Objekten stehen

Wenn Sie das Makro löschen möchten, markieren Sie den Makrocode und drücken Sie die Taste ⌜Entf⌟.

⌜
Hinweis

Makros die innerhalb von Excel Objekten gespeichert sind, werden nicht im Fenster **Makros** gezeigt. Es sind private Makros (Private Sub), die nur bei bestimmten Bedingungen ausgeführt werden.

⌟

9 Mögliche Fehlermeldungen

Wenn Sie mit Makros arbeiten, können Fehlermeldungen auftreten. Dieses Kapitel listet die häufigsten Meldungen auf.

Wenn Sie kein Makro aufzeichnen können, wechseln Sie mit ⌈Alt⌉ + ⌈F11⌉ in den VBA Editor und klicken Sie auf die Schaltfläche ▣ **Zurücksetzen**.

Meldung: Code kann im Haltemodus nicht ausgeführt werden

Wenn diese Meldung beim Starten eines Makros erscheint, öffnet sich automatisch auch der VBA Editor und eine Zeile in Ihrem Makrocode wird gelb markiert.

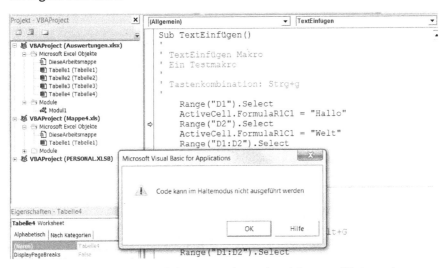

Abbildung 68: Die Meldung Code kann im Haltemodus nicht ausgeführt werden

- Klicken Sie auf die Schaltfläche **OK**.
- Wechseln Sie mit ⌈Alt⌉ + ⌈F11⌉ in den VBA Editor.
- Klicken Sie in der Symbolleiste auf die Schaltfläche ▣ **Zurücksetzen**.

Damit haben Sie den Fehler behoben und Sie können das Makro jetzt starten.

Wie kommt es zu diesem Fehler?

Sie können Ihr Makro Schritt für Schritt laufen lassen. Dies wurde weiter oben beschreiben.

- Öffnen Sie das Fenster **Makro** über die Tastenkombination ⌐Alt⌐ + ⌐F8⌐, markieren Sie ein Makro und klicken Sie auf die Schaltfläche **Schritt**.

- Im VBA Editor wird jetzt die erste Zeile gelb hervorgehoben. Mit der Taste ⌐F8⌐ lassen Sie Ihr Makro Schritt für Schritt ablaufen.

Wenn Sie jetzt mittendrin abbrechen, also zurück nach Excel wechseln und nicht auf die Schaltfläche ■ **Zurücksetzen** klicken, können Sie erst einmal normal weiter arbeiten.

Sobald Sie ein Makro starten, erscheint aber die Meldung **Code kann im Haltemodus nicht ausgeführt werden**.

Jetzt müssen Sie die oben beschriebenen Schritte durchführen.

Meldung: Fehler beim Kompilieren

Diese Meldung kann auch beim Starten eines Makros erscheinen und kann vieles bedeuten. I.d.R. weist sie auf die inkorrekte Vergabe von Bezeichnungen hin.

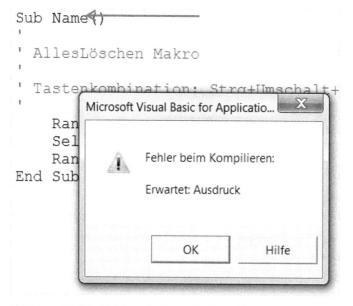

Abbildung 69: Die Meldung Fehler beim Kompilieren

Wie kommt es zu diesem Fehler?

Im aktuellen Beispiel hat das Makro die Bezeichnung **Name**. Dies ist in VBA ein reservierter Begriff.

Diese Meldung kann auch erscheinen, wenn Sie ein Leerzeichen im Makronamen erfassen.

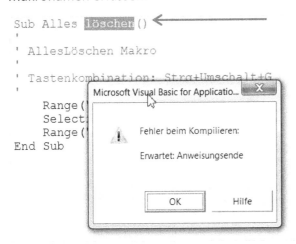

Abbildung 70: Die Meldung „Fehler beim Kompilieren" erscheint auch bei Leerzeichen

Korrigieren Sie den Namen des Makros und die Meldung erscheint nicht mehr.

Meldung: Laufzeitfehler '1004'

Die Meldung Laufzeitfehler '1004' ist eine sehr ungenaue Aussage. Das kann jetzt vieles sein.

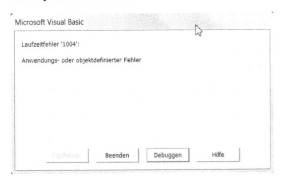

Abbildung 71: Die Meldung Laufzeitfehler '1004'

- Klicken Sie am besten auf die Schaltfläche **Debuggen**.

Dann wird der VBA Editor geöffnet und die Zeile, die den Fehler produziert hat, gelb markiert.

```
(Allgemein)                          ▼   TestMakro                        ▼

  Sub TestMakro()                                                         ▲
  '
  ' TestMakro Makro
  '

  '
⇨      ActiveCell.Offset(0, -2).Range("A1").Select
       ActiveCell.FormulaR1C1 = "Hallo"
       ActiveCell.Offset(3, 1).Range("A1").Select
       ActiveCell.FormulaR1C1 = "Welt"
       ActiveCell.Offset(1, 0).Range("A1").Select
  End Sub
```

Abbildung 72: Die fehlerhafte Zeile wird markiert

Sie müssen den Fehler beheben und auf die Schaltfläche [■] **Zurücksetzen** klicken.

Wie kommt es zu diesem Fehler?

Im aktuellen Beispiel wird in der ersten Codezeile eine Zelle markiert. Allerdings nicht eine fest angegebene Zelle, sondern eine Zelle zwei Spalte links von der aktiven Zelle. Wenn die aktive Zelle A1 ist, versucht das Makro jetzt zwei Spalten weiter links zu markieren. Das kann nicht klappen, deshalb der Fehler.

Das Makro enthält also keinen Fehler, es liegt daran, wo der Cursor steht, wenn Sie das Makro starten.

Trotzdem müssen Sie auf die Schaltfläche ■ **Zurücksetzen** klicken.

⌐ Hinweis

Immer wenn Sie im Makrocode eine gelbe Zeile sehen, müssen Sie auf die Schaltfläche ■ klicken um weiter arbeiten zu können.

Wenn Ihr Makro mittendrin anhält und nicht weiterläuft, wechseln Sie in den VBA Editor. Wenn vor der Zeile ein brauner Punkt steht, klicken Sie einmal darauf, dann ist er wieder verschwunden. Dies ist ein Haltepunkt.

⌐

Meldung: Kein zulässiger Objektname

Mit der Meldung **Kein zulässiger Objektname** werden Sie darauf aufmerksam gemacht, dass Sie eine Bezeichnung eingegeben haben, die nicht akzeptiert wird.

Im aktuellen Beispiel wurde ein Leerzeichen im Namen für das Modulblatt eingegeben.

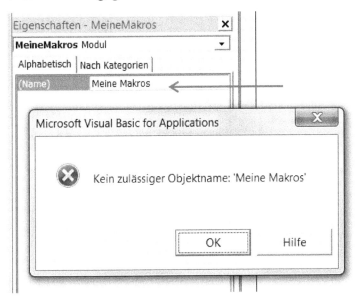

Abbildung 73: Die Meldung „Kein zulässiger Objektname"

Entfernen Sie das Leerzeichen.

10 Eigene Zahlenformate definieren

Zahlenformate machen Ihre Zahlen lesbarer. Es ist leichter 10.000.000 zu lesen als 10000000. Excel bietet Ihnen standardmäßig viele Zahlenformate an.

Für die folgenden Beispiele wird diese Tabelle genommen:

	A	B	C
1			
2			Werte
3		Jan	980000
4		Feb	1500000
5		Mrz	36500000
6		Apr	-8890000
7		Mai	5000
8		Jun	2500000

Abbildung 74: Die Zahlen für die folgenden Beispiele

Die vorhandenen Zahlenformate

In Excel gibt es bereits viele fertige Zahlenformate. Bevor Sie beginnen eigene Zahlenformate anzulegen, sollte Sie diese recht umfangreiche Liste kennen.

- Markieren Sie die Zellen, die Sie gestalten möchten, aktivieren Sie das Register **Start** und öffnen Sie das Listenfeld in der Gruppe **Zahl**.

Hier finden Sie die am häufigsten eingesetzten Zahlenformate. Diese Liste bietet Ihnen allerdings keine Vorschau.

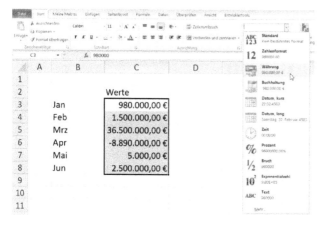

Abbildung 75: Die mitgelieferten Zahlenformate

Sollten Sie sich nicht sicher sein, welches Format für Ihre Zahlen das Beste ist, öffnen Sie das Fenster **Zellen formatieren**.

- Markieren Sie die Zellen, die Sie gestalten möchten, klicken Sie mit der rechten Maustaste in die Markierung und wählen Sie den Befehl **Zellen formatieren**.

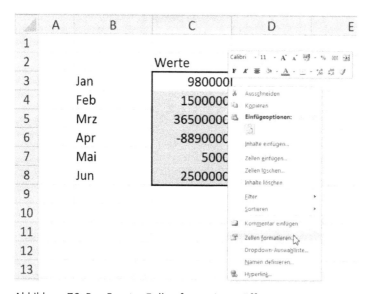

Abbildung 76: Das Fenster Zellen formatieren öffnen

- Alternativ können Sie auch auf dem Register **Start** in der Gruppe **Zahl** auf die Schaltfläche 🔲 klicken oder die Tasten Strg + 1 drücken.

Im Fenster **Zellen formatieren** sehen Sie im linken Teil die verschiedenen Kategorien.

Im aktuellen Beispiel wurde die Kategorie **Zahl** gewählt. Hier können Sie die gewünschten Dezimalstellen einstellen und selbst entscheiden, ob Tausendertrennpunkte gezeigt werden oder nicht.

Im Bereich **Negative Zahlen** wählen Sie die Darstellung negativer Zahlen.

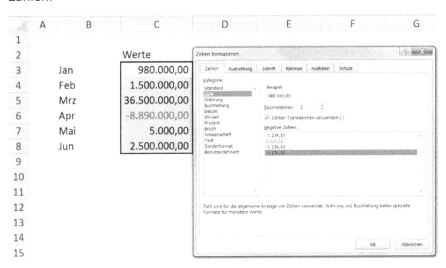

Abbildung 77: Das Fenster Zellen formatieren

Im oberen Teil des Fensters haben Sie im Feld **Beispiel** eine Vorschau auf die erste markierte Zahl.

Der Unterschied zwischen Währungs- und Buchhaltungsformat

Wenn Sie Ihre Zahlen im Euroformat darstellen wollen, stehen Ihnen zwei unterschiedliche Formate zur Verfügung, nämlich **Währung** und **Buchhaltung**.

Die folgende Abbildung zeigt die Unterschiede.

◢	A	B	C	D
1				
2			Währung	Buchhaltung
3		Jan	980.000,00 €	980.000,00 €
4		Feb	1.500.000,00 €	1.500.000,00 €
5		Mrz	36.500.000,00 €	36.500.000,00 €
6		Apr	-8.890.000,00 €	- 8.890.000,00 €
7		Mai	5.000,00 €	5.000,00 €
8		Jun	0,00 €	- €

Abbildung 78: Zwei Euro-Formate im Vergleich

Im Buchhaltungsformat wird das negative Vorzeichen am linken Zellenrand gezeigt. In den Zellen, in denen eine 0 (Null) steht, erscheint nur - €.

Im Währungsformat steht das negative Vorzeichen direkt vor der Zahl und Nullen werden 0,00 € angezeigt.

Der gravierende Unterschied liegt an der Position des Euro-Zeichens. Beim Buchhaltungsformat steht es nicht direkt am rechten Zellenrand.

In einer Tabelle sollten Sie immer nur mit einem der beiden Euroformate arbeiten.

Hinweis

Die gängigsten Zahlenformate können Sie auch mit einer Tastenkombination zuweisen. Beachten Sie, dass Sie die Zahlen über den Buchstaben nehmen und nicht die aus dem nummerischen Ziffernblock am rechten Rand.

◢	A	B	C	D	E
1					
2			Zahlenformat	Währung	Standard
3			Strg + ⇧ + !	Strg + ⇧ + $	Strg + ⇧ + &
4		Jan	980.000,00	980.000,00 €	980000
5		Feb	1.500.000,00	1.500.000,00 €	1500000
6		Mrz	36.500.000,00	36.500.000,00 €	36500000
7		Apr	-8.890.000,00	-8.890.000,00 €	-8890000
8		Mai	5.000,00	5.000,00 €	5000
9		Jun	0,00	0,00 €	0

Ein benutzerdefiniertes Format für die Anzeige großer Zahlen erstellen

Stellen Sie sich vor, Sie möchten Ihre Zahlen verkürzt darstellen. Anstelle von 1.000.000 soll nur 1 erscheinen, anstelle von 23.000.000 soll 23 erscheinen.

Führen Sie die folgenden Schritte durch:

- Markieren Sie die gewünschten Zellen.
- Öffnen Sie das Fenster **Zellen formatieren** und aktivieren Sie die Kategorie **Benutzerdefiniert**.
- Leeren Sie das Feld **Typ** und geben Sie das folgende Muster ein:

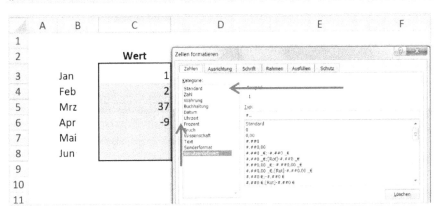

Abbildung 79: Ein benutzerdefiniertes Zahlenformat

- Klicken Sie auf die Schaltfläche **OK**.

Damit werden nur die Millionenwerte angezeigt.

Jetzt steht dieses Zahlenformat auf allen Tabellenblättern in dieser Mappe zur Verfügung.

Sie können auch mit Farben arbeiten. Mit dem folgenden Muster lassen Sie sich die positiven Werte in Blau, die negativen Wert in Grün anzeigen.

`[Blau]#.##0;[Grün]-#.##0`

Sie können die folgenden Farben nutzen:

[Blau], [Gelb], [Rot], [Grün], [Weiß], [Schwarz], [Magenta], [Zyan]

Im Fenster **Zellen formatieren** finden Sie in der Kategorie **Benutzerdefiniert** ganz unten in der Liste Ihre eigenen Zahlenformate.

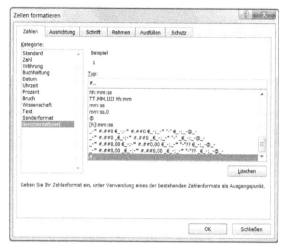

Abbildung 80: Die benutzerdefinierten Zahlenformate sind ganz unten

Wenn Sie eins davon löschen möchten, markieren Sie es und klicken Sie auf die Schaltfläche **Löschen**. Die Zellen, die bis dahin dieses Format besaßen, erhalten nun wieder das Standardformat.

Im Anhang finden Sie weitere Muster für benutzerdefinierte Zahlenformate.

Makros & benutzerdefinierte Zahlenformate

Sie können die Zahlenformate auch per Makro zuweisen. Das Geheimnis liegt in zwei Dingen: Speichern Sie das Makro unbedingt in der persönlichen Makroarbeitsmappe ab und klicken Sie beim Aufzeichnen nicht in eine Zelle.

- Nehmen Sie sich eine neue leere Mappe und starten Sie das Aufzeichnen eines Makros.
- Wählen Sie als Speicherort unbedingt die **persönliche Makroarbeitsmappe**, damit das Zahlenformat später für alle Mappen zur Verfügung steht.
- Nachdem Sie das Fenster **Makro aufzeichnen** geschlossen haben und die Aufzeichnung läuft, <u>dürfen Sie nicht mehr in eine Zelle klicken</u>.

- Öffnen Sie jetzt das Fenster **Zellen formatieren** und erstellen Sie, wie oben beschrieben, Ihr benutzerdefiniertes Zahlenformat oder wählen Sie es aus, wenn Sie es bereits erstellt haben.
- Schließen Sie das Fenster **Zellen formatieren** und beenden Sie die Aufzeichnung.

Jetzt sollten Sie das Makro testen.

- Erfassen Sie in einigen Zellen Zahlen und markieren Sie diese Zellen.
- Öffnen Sie das Fenster **Makros** über ⎡Alt⎤ + ⎡F8⎤ und starten Sie das Makro.

Da Sie während der Aufzeichnung keine Zellen markiert haben, wird das Zahlenformat immer den markierten Zellen zugewiesen.

Weil das Makro in der persönlichen Makroarbeitsmappe liegt, können Sie das Zahlenformat jetzt in allen Mappen einsetzen.

Wenn Sie sich den Makrocode einmal ansehen, erkennen Sie, dass er nur aus einer Zeile besteht:

```
Selection.NumberFormat = "#,##0.00;[Blue]-
#,##0.00"
```

Im aktuellen Beispiel werden die negativen Werte Blau dargestellt.

⌐ Hinweis

Im VBA Editor wird immer das englische Zahlenformat, Dezimalpunkt und Tausenderkomma, gezeigt. In den Zellen wird es dann wieder umgewandelt und korrekt angezeigt.

⌐

11 Rahmenlinien

Ein häufig genutzter Formatierungsbefehl ist das Zeichnen von Rahmenlinien.

Zellen mit Rahmen optisch hervorheben

Angenommen, Sie möchten um die ganze Tabelle eine dicke, und um jede Zelle innerhalb der Tabelle eine gestrichelte Rahmenlinie ziehen. Dann können Sie dies in einem Schritt durchführen.

- Markieren Sie die ganze Tabelle.
- Drücken Sie ⌷Strg⌷ + ⌷1⌷, um das Fenster **Zellen formatieren** zu öffnen.
- Aktivieren Sie das Register **Rahmen**.
- Wählen Sie im Feld **Art** die Art des Rahmens und im Feld darunter die Farbe **Schwarz** aus.
- Klicken Sie auf die Schaltfläche **Außen**.
- Wählen Sie jetzt die gestrichelte Linie im **Feld** Art und stellen Sie die Farbe **Grau** ein.
- Klicken Sie auf die Schaltfläche **Innen**.

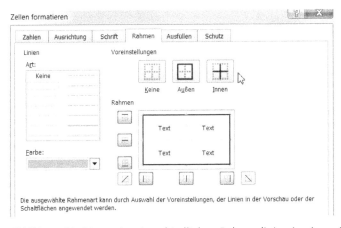

Abbildung 81: Die zwei unterschiedlichen Rahmenlinien in einem Schritt

- Bestätigen Sie mit **OK**.

	Abt 1	Abt 2	Abt 3	Abt 4
1 Quartal	66.647	77.144	66.095	70.657
2 Quartal	59.458	65.529	58.107	57.707
3 Quartal	73.259	63.640	83.159	72.745
4 Quartal	79.285	78.438	60.828	73.565

Abbildung 82: Die zwei unterschiedlichen Rahmenlinien

Auch diese Schritte können Sie als Makro aufzeichnen.

Makros & Rahmen

Das Geheimnis beim Aufzeichnen liegt im Markieren. Wenn Sie mit der Tastenkombination Strg + ⇧ + * markieren, zeichnet Excel nur den Bereich der Tabelle auf, nicht die Zelladressen.

- Klicken Sie in die Tabelle.
- Starten Sie das Aufzeichnen eines Makros. Damit es Ihnen später immer zur Verfügung steht, wählen Sie als Speicherort die persönliche Arbeitsmappe aus.
- Drücken Sie die Tastenkombination Strg + ⇧ + *. Damit ist die Tabelle bis zur ersten leeren Zeile und zur ersten leeren Spalte markiert.
- Führen Sie die gewünschten Einstellungen für den Rahmen durch.
- Nachdem Sie mit **OK** bestätigt haben, steht die Markierung immer noch auf den Zellen.
- Um die Markierung aufzuheben, drücken Sie Strg + ↓ und anschließend Strg + ↑.
- Beenden Sie die Aufzeichnung.

Die folgende Liste zeigt in der ersten Zeile das Markieren der Zellen durch Ziehen mit der Maus. In der zweiten Zeile wurde die Tastenkombination Strg + A eingesetzt. In der dritten Zeile wurde die Tastenkombination Strg + ⇧ + * verwendet.

```
Range("B4:F8").Select        'Ziehen mit der Maus
Range("B4:F8").Select        'Strg + A
Selection.CurrentRegion.Select  'Strg + Umschalt + *
```

Der Befehl CurrentRegion.Select markiert immer den ganzen Tabellenbereich.

12 Bedingte Formatierung

Über die bedingte Formatierung können Sie Zellen mit einem bestimmten Inhalt automatisch gestalten.

Regeln zum Hervorheben von Zellen

Im ersten Beispiel sollen alle Zellen mit einem Wert über 110.000 grün eingefärbt werden.

- Markieren Sie die Zellen, denen Sie eine bedingte Formatierung zuweisen möchten.

- Aktivieren Sie das Register **Start**, klicken Sie auf die Schaltfläche **Bedingte Formatierung**, zeigen Sie auf den Eintrag **Regeln zum Hervorheben von Zellen** und wählen Sie den Befehl **Größer als**.

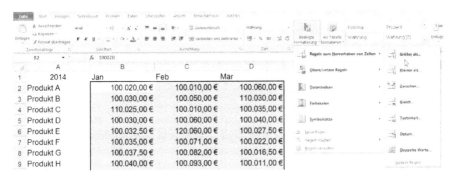

Abbildung 83: Die bedingte Formatierung starten

- Geben Sie im ersten Feld den zu vergleichenden Wert ein und wählen Sie über das Listenfeld ein Format aus.

Über den Eintrag **benutzerdefiniertem Format** können Sie weitere Formate auswählen, wenn Ihnen das Angebot in der Liste nicht ausreicht.

- Bestätigen Sie mit **OK**.

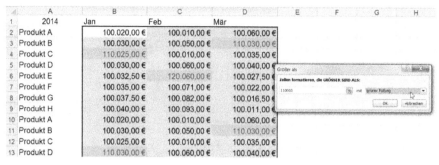

Abbildung 84: Alle Werte, die über 110.000 € liegen, farbig hervorheben

Jetzt werden alle Zellen, die der Regel entsprechen, gestaltet.

Wenn sich der Wert einer Zelle ändert, wird ggf. auch die Formatierung geändert.

Um den Zellen eine weitere Bedingung zuzuweisen, markieren Sie die Zellen, klicken Sie erneut auf die Schaltfläche **Bedingte Formatierung** und wählen Sie eine weitere Regel aus, beispielsweise **Kleiner als**. Geben Sie auch hier die gewünschte Größe ein und wählen Sie ein Format aus.

┌ **Hinweis**

Sie können jeder Zelle bis zu 64 Bedingungen zuweisen.

⌐

Dubletten finden

Mit der bedingten Formatierung können auch doppelte Werte gefunden werden.

- Markieren Sie die Zellen, in denen Sie Dubletten finden möchten.
- Aktivieren Sie das Register **Start**, klicken Sie auf die Schaltfläche **Bedingte Formatierung**, zeigen Sie auf den Eintrag **Regeln zum Hervorheben von Zellen** und wählen Sie den Befehl **Doppelte Werte**.

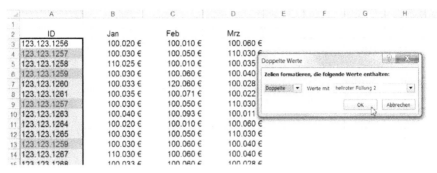

Abbildung 85: Werte die mehrfach vorkommen, farbig hervorheben

- Bestätigen Sie mit **OK**.

Jetzt erkennen Sie auf den ersten Blick, dass einige Nummern mehrfach vorkommen.

⌐ **Hinweis**

Mit dem Filter können Sie sich jetzt nur die Zellen anzeigen lassen, deren Inhalt mehrfach vorkommt.

Klicken Sie in die Tabelle und wählen Sie die Befehlsfolge Daten / Filter. Klicken Sie auf das kleine Filtersymbol an der Spalte die Dubletten enthält, zeigen Sie auf den Eintrag Farbe und wählen Sie die Farbe für die bedingte Formatierung aus.

⌐

Farbskalen

Mit Farbskalen können Sie Werte mit unterschiedlichen Farben hervorheben.

- Markieren Sie die Zellen.
- Aktivieren Sie das Register **Start**, klicken Sie auf die Schaltfläche **Bedingte Formatierung**, zeigen Sie auf den Eintrag **Farbskalen** und wählen Sie ein Farbmuster.

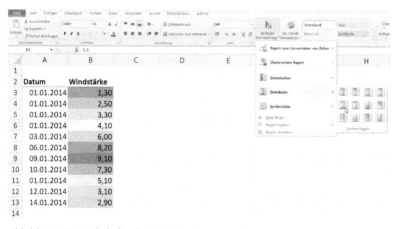

Abbildung 86: Farbskalen heben Wertgruppen hervor

Sollten Ihnen die Farbmuster nicht zusagen, können Sie sie ändern.

- Aktivieren Sie das Register **Start** und wählen Sie die Befehlsfolge **Bedingte Formatierung / Regeln verwalten**.

Im Fenster **Manager für Regeln zur bedingten Formatierung** sehen Sie alle Regeln für die markierten Zellen.

- Markieren Sie die Regel, klicken Sie auf die Schaltfläche **Regel bearbeiten**.

Im unteren Teil des Fensters können Sie nun die Farben ändern.

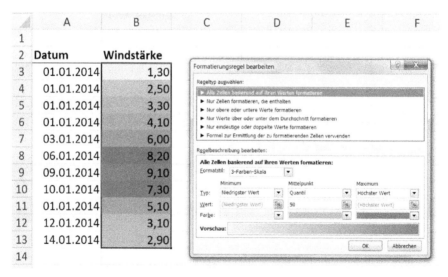

Abbildung 87: Einstellungen zu den Farbskalen

- Bestätigen Sie dreimal mit **OK**.

Die Symbole

Sie können die Werte in den Zellen mit Symbolen kennzeichnen.

- Aktivieren Sie das Register **Start**, klicken Sie auf die Schaltfläche **Bedingte Formatierung**, zeigen Sie auf den Eintrag **Symbolsätze** und wählen Sie ein Muster aus.

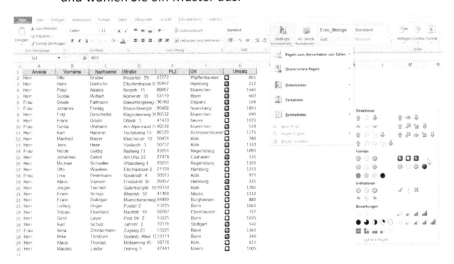

Abbildung 88: Zellinhalte mit Ampeln bewerten

Zu Beginn nimmt Excel eine vordefinierte Berechnung, um die Symbole zuzuweisen.

Wenn Sie eigene Werte zuweisen möchten, führen Sie die folgenden Schritte durch:

- Aktivieren Sie das Register **Start**, klicken Sie auf die Schaltfläche **Bedingte Formatierung** und wählen Sie den Eintrag **Regeln verwalten**.

- Markieren Sie die Regel für den gerade erstellten Symbolsatz und klicken Sie auf die Schaltfläche **Regel bearbeiten**.

Im unteren Teil des Fensters erkennen Sie die Standardeinstellungen für das eben gewählte Symbolmuster.

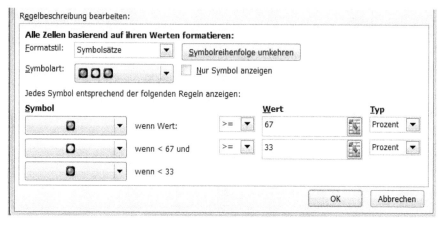

Abbildung 89: Die Standardeinstellungen zu den Ampeln

- Wählen Sie zu Beginn im Feld **Typ** den Eintrag **Zahl** aus.
- Geben Sie anschließend im Feld **Wert** links daneben die Zahl ein, ab der das erste Symbol gezeigt werden soll.
- Ändern Sie auch in der Zeile darunter in den Feldern **Typ** und **Wert** die Einträge.

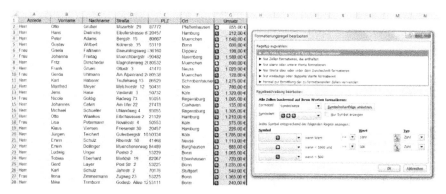

Abbildung 90: Eigene Werte für die Ampeln definieren

Wenn Sie jetzt auf **OK** klicken, werden den markierten Zellen die entsprechenden Ampelsymbole zugewiesen.

Im Anhang finden Sie weitere Beispiele für bedingte Formate.

Bedingte Formatierung entfernen

Um die bedingte Formatierung wieder zu entfernen, führen Sie die folgenden Schritte durch:

- Zum Entfernen der Regeln wählen Sie über die Schaltfläche **Bedingte Formatierung** den Befehl **Regeln löschen**.

Abbildung 91: Bedingte Formate löschen

Wenn Sie alle bedingten Formate entfernen möchten, wählen Sie **Regeln in gesamtem Blatt löschen**.

Wenn Sie die Regeln nur für ein paar Zellen entfernen möchten, müssen Sie diese Zellen vorher markieren und dann den Befehl **Regeln in ausgewählten Zellen löschen** starten.

Makros & bedingte Formatierung

Wenn Sie das Erstellen einer bedingten Formatierung aufzeichnen möchten, müssen Sie ggf. im Makrocode eine Zeile bearbeiten.

- Markieren Sie eine Zelle.
- Wählen Sie als Speicherort unbedingt die **persönliche Makroarbeitsmappe**, damit diese bedingte Formatierung später für alle Mappen zur Verfügung steht.
- Nachdem Sie das Fenster **Makro aufzeichnen** geschlossen haben und die Aufzeichnung läuft, <u>dürfen Sie nicht mehr in eine Zelle klicken</u>.
- Stellen Sie die Bedingungen ein und wählen Sie das gewünschte Format.
- Beenden Sie die Aufzeichnung.

Jetzt sollten Sie das Makro testen.

Markieren Sie einige Zellen und starten Sie das Makro. Wenn jetzt nur eine Zelle markiert wird, dann müssen Sie handeln.

- Drücken Sie ⎡Alt⎤ + ⎡F11⎤ und lassen Sie sich im VBA Editor das gerade aufgezeichnete Makro anzeigen.

```
Sub BedFormatierung()
'
' BedFormatierung Makro
'

    Cells.FormatConditions.Delete
    ActiveCell.Select
    Selection.FormatConditions.AddIconSetCondition
    Selection.FormatConditions(Selection.FormatConditions.Count).SetFirstPriority
    With Selection.FormatConditions(1)
        .ReverseOrder = False
        .ShowIconOnly = False
        .IconSet = ActiveWorkbook.IconSets(xl3TrafficLights1)
    End With
    With Selection.FormatConditions(1).IconCriteria(2)
        .Type = xlConditionValueNumber
        .Value = 30
        .Operator = 7
    End With
    With Selection.FormatConditions(1).IconCriteria(3)
        .Type = xlConditionValueNumber
        .Value = 100
        .Operator = 7
    End With
End Sub
```

Abbildung 92: Die bedingte Formatierung läuft nur in einer Zelle

- Suchen Sie die Zeile(n) **ActiveCell.Select** oder suchen Sie die Zeile, in der die Zelladresse der Zelle steht, die das Makro zurzeit markiert. Beispw. **Range("B10").Select**
- Klicken Sie vor den ersten Buchstaben und tippen Sie den Apostroph ⎡'⎤.

```
Sub BedFormatierung()
'
' BedFormatierung Makro
'


    Cells.FormatConditions.Delete
    'ActiveCell.Select
    Selection.FormatConditions.AddIconSetCondit
    Selection.FormatConditions(Selection.Format
    With Selection.FormatConditions(1)
        .ReverseOrder = False
        .ShowIconOnly = False
```

Abbildung 93: Das Markieren einer Zelle deaktivieren

Markieren Sie jetzt noch einmal auf Ihrem Tabellenblatt einige Zellen und starten Sie das Makro erneut.

13 Der erweiterte Filter

Mit dem erweiterten Filter können Sie Listen filtern und sich das Ergebnis, wenn Sie es wünschen, an einer anderen Stelle auf dem Tabellenblatt anzeigen lassen.

Den erweiterten Filter einsetzen

- Kopieren Sie die Überschrift der Liste und fügen Sie diese über der Tabelle ein, wie es die folgende Abbildung zeigt. Lassen Sie ein paar Zeilen darunter leer.

- Geben Sie jetzt den Begriff ein, nach dem Sie filtern möchten. Im aktuellen Beispiel soll nach dem Ort **Bonn** gefiltert werden. Dieser neu eingefügte Bereich ist Ihr Kriterienbereich.

	A	B	C	D	E	F	G	H
1	Nummer	Anrede	Vorname	Nachname	Straße	Plz	Ort	Umsatz
2							Bonn	
3								
4								
5	Nummer	Anrede	Vorname	Nachname	Straße	Plz	Ort	Umsatz
6	2 Frau		Gisela	Mueller	Moorweg 44	13509	Berlin	840,00 €
7	3 Herr		Guenter	Weidmann	Hauptstr. 1	40221	Düsseldorf	261,00 €
8	4 Herr		Gustav	Schulz	Tivolistr. 1	27478	Cuxhaven	1.290,00 €

Abbildung 94: Die Vorbereitung für den Spezialfilter

- Klicken Sie in die Datenliste und wählen Sie die Befehlsfolge **Daten / Erweitert**.

- Kontrollieren Sie die Zellen im Feld **Listenbereich**. Dort muss die ganze Datenliste stehen, allerdings ohne die Zeilen des neu eingefügten Bereichs.

- Klicken Sie ins Feld **Kriterienbereich** und markieren Sie die Zellen, die die Kriterien enthalten. Dabei müssen Sie folgendes beachten: <u>Es muss immer der gesamte Kriterienbereich inklusive der Überschrift markiert werden. Außerdem dürfen keine leeren Zeilen markiert werden</u>.

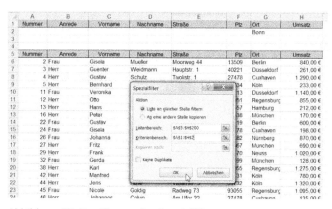

Abbildung 95: Der Einsatz des Spezialfilters

- Bestätigen Sie mit **OK**.

Jetzt werden nur die Datensätze gezeigt, die dem Kriterium entsprechen.

	A	B	C	D	E	F	G	H
1	Nummer	Anrede	Vorname	Nachname	Straße	Plz	Ort	Umsatz
2							Bonn	
3								
4								
5	Nummer	Anrede	Vorname	Nachname	Straße	Plz	Ort	Umsatz
32	73 Herr	Ludwig	Unger	Poststr 2		53229	Bonn	1.065,00 €
34	92 Herr	Gerd	Layer	Post Str 2		53225	Bonn	1.035,00 €
36	94 Frau	Ilona	Zimmermann	Zugweg 23		53225	Bonn	1.365,00 €
37	98 Herr	Mike	Trimborn	Godesb. Allee 12		53111	Bonn	240,00 €
65	155 Herr	Horst	Scharn	Werner-Hellweg 477		53229	Bonn	2.820,00 €
79	192 Herr	Gerd	Theisen	Post Str. 2		53113	Bonn	1.050,00 €
138	511 Frau	Hilde	Aquarius	Putzchens Chaussee		53229	Bonn	0,00 €
139	512 Herr	Willi	Sprenger	Fritz-Henkel-Str 7		53225	Bonn	0,00 €
161	809 Frau	Marie	Hättich	Bürgermeisterstr 8		53113	Bonn	0,00 €
162	810 Herr	Willmuth	Schröpfer	Breitscheidstr 32		53225	Bonn	0,00 €
163	811 Frau	Beatus	Kuckuck	Sonnenallee 4		53229	Bonn	0,00 €
164	812 Frau	Liesel	Gense	Marktcenter Bestensee		53113	Bonn	0,00 €
165	813 Herr	Thomas	Gläubiger	Ruhlsdorfer Str. 4		53119	Bonn	0,00 €
166	815 Herr	Hansel	Streit	Am Markt 5		53111	Bonn	0,00 €
167	816 Herr	Michael	Engel	Clara-Zetkin-Str 17		53229	Bonn	0,00 €
168	817 Herr	Max	Kletter	Hauptstr 38-40		53225	Bonn	0,00 €
169	819 Herr	Heini	Watschen	August-Bebel-Str. 16		53113	Bonn	0,00 €
170	820 Herr	Ditz	Jecken	Berliner Str. 12 a		53225	Bonn	0,00 €
201								
202								

Abbildung 96: Das Ergebnis des Spezialfilters

Mit einem Klick auf die Schaltfläche **Löschen** in der Gruppe **Sortieren und Filtern** erhalten Sie wieder die ganze Liste.

Hinweis

Wenn Sie die gefilterte Liste an einer anderen Stelle sehen möchten, aktivieren Sie im Fenster Spezialfilter die Option An eine andere Stelle kopieren.

Klicken Sie ins Feld Kopieren nach, das jetzt aktiv ist und markieren Sie die Zelle, ab der Sie das Ergebnis sehen möchten.

Wenn Sie jetzt nach einem anderen Wert filtern möchten, ändern Sie zu Beginn die Inhalte im Kriterienbereich.

Im nächsten Beispiel sollen nur alle **Bonner Männer** mit einem **Umsatz über 500 €** gezeigt werden.

- Klicken Sie in die Datenliste und wählen Sie die Befehlsfolge **Daten / Erweitert**
- Aktivieren Sie die Option **An eine andere Stelle kopieren.**
- Kontrollieren Sie die Zellen.

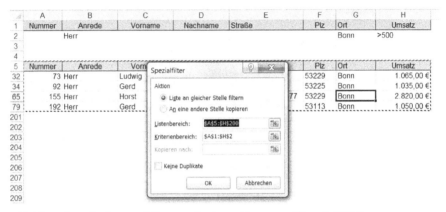

Abbildung 97: Alle Bonner Männer mit einem Umsatz größer als 500 €

- Bestätigen Sie mit **OK.**

Makros & erweiterter Filter

Stellen Sie sich vor, Sie müssen mit dem erweiterten Filter immer nach zwei bestimmten Kriterien filtern und das Ergebnis auf ein neues Tabellenblatt kopieren.

Dann können Sie das als Makro aufzeichnen. Den Kriterienbereich haben Sie bereits erstellt.

- Starten Sie die Aufzeichnung des Makros mit einem Klick auf die Schaltfläche ⬛.
- Geben Sie dem Makro einen Namen und speichern Sie es in dieser Arbeitsmappe.
- Bestätigen Sie mit **OK.**
- Klicken Sie in die Zelle B2 und geben Sie dort das erste Filterkriterium ein. Im aktuellen Beispiel **Herr.**

- Klicken Sie in die Zelle G2 und geben Sie dort das weitere Filterkriterium ein. Im aktuellen Beispiel **Köln**.
- Klicken Sie jetzt in die Datenliste und starten Sie den erweiterten Filter.
- Kontrollieren Sie den Listen- und den Kriterienbereich und bestätigen Sie mit **OK**.
- Drücken Sie ⌷Strg⌷ + ⌷Umschalt⌷ + ⌷*⌷, um alle Ergebniszellen zu markieren.
- Drücken Sie ⌷Strg⌷ + ⌷C⌷, um die markierten Zellen zu kopieren.
- Klicken Sie neben dem letzten Tabellenregister auf die Schaltfläche **Tabellenblatt einfügen** und drücken Sie ⌷Strg⌷ + ⌷V⌷.
- Klicken Sie auf eine Zelle, um die Markierung aufzuheben.
- Beenden Sie die Aufzeichnung

Entfernen Sie den Filter und testen Sie Ihr Makro.

14 Zwischensummen bilden

Stellen Sie sich vor, Sie haben eine Tabelle mit Werten und Sie möchten eine Berechnung nach einer bestimmten Gruppierung erstellen. Im vorliegenden Beispiel soll der Umsatz nach dem Ort summiert werden.

Die Fragestellung wäre: Wie viel Umsatz wurde pro Ort gemacht?

	A	B	C	D	E	F	G	H
1	Nummer	Anrede	Vorname	Nachname	Straße	Plz	Ort	Umsatz
2	2 Frau		Gisela	Mueller	Moorweg 44	13509	Berlin	840,00 €
3	3 Herr		Guenter	Weidmann	Hauptstr. 1	40221	Düsseldorf	261,00 €
4	4 Herr		Gustav	Schulz	Tivolistr. 1	27478	Cuxhaven	1.290,00 €
5	5 Herr		Bernhard	Imhof	Gaertnerstr. 9	50334	Köln	233,00 €
6	11 Frau		Veronika	Bach	Schadowstr. 42	40213	Düsseldorf	1.140,00 €
7	12 Herr		Otto	Gruber	Mozartstr. 29	93051	Regensburg	855,00 €
8	13 Herr		Hans	Dietrichs	Elbuferstrasse 63	20457	Hamburg	212,00 €
9	16 Herr		Peter	Adams	Bergstr. 15	80538	München	170,00 €
10	22 Frau		Gustav	Wilbert	Kölnerstr. 35	53119	Berlin	600,00 €
11	24 Frau		Gisela	Faltmann	Daeumlingsweg 8	27478	Cuxhaven	198,00 €
12	26 Frau		Johanna	Freitag	Muenchbergstr. 854	90482	Nürnberg	870,00 €
13	27 Herr		Fritz	Dirschedel	Magnolienweg 20	80667	München	690,00 €
14	29 Herr		Frank	Gruen	Ottostr. 3	41470	Neuss	1.020,00 €
15	32 Frau		Gerda	Uhlmann	Am Alpenrand 24	80799	München	128,00 €
16	38 Herr		Karl	Haberer	Teufelsweg 13	93055	Regensburg	1.275,00 €
17	42 Herr		Manfred	Moyer	Molchiorstr. 12	50431	Köln	780,00 €

Abbildung 98: In dieser Liste sollen die Zwischensummen gebildet werden

Die Daten sortieren

Bevor Sie den Befehl **Teilergebnis** starten, müssen Sie die Spalte sortieren, nach der Sie die Zwischensummen bilden möchten.

- Setzen Sie den Zellzeiger in die Tabelle und starten Sie auf dem Register **Start** den Befehl **Sortieren und Filtern / Benutzerdefiniertes Sortieren**.

- Wählen Sie im ersten Feld den Spaltennamen, nach dem Sie sortieren möchten. Im aktuellen Beispiel ist es die Spalte **Ort**.

Bestimmen Sie die Sortierart und die Reihenfolge. Für die Teilergebnisse spielt die Reihenfolge A bis Z oder Z bis A keine Rolle.

Abbildung 99: Die Spalte, nach der gruppiert wird, muss sortiert werden

- Bestätigen Sie mit **OK**.

Zwischenergebnisse bilden

Nachdem Sie Ihre Daten sortiert haben, können Sie das erste Ergebnis bilden.

- Setzen Sie den Cursor in die Tabelle.
- Wählen Sie auf dem Register **Daten** in der Gruppe **Gliederung** den Befehl **Daten / Teilergebnisse**.
- Wählen Sie im ersten Feld den Eintrag, nach dem die Summe gebildet werden soll. In diesem Beispiel ist es das Feld **Ort**.
- Im nächsten Feld **Unter Verwendung von** wählen Sie den Rechenschritt aus. In diesem Beispiel soll die **Summe** gebildet werden.
- Im letzten Feld wählen Sie die Spalte(n) aus, die summiert werden soll(en). In diesem Beispiel ist es nur die Spalte **Umsatz**.

Abbildung 100: Die Felder und den Rechenschritt auswählen

- Bestätigen Sie mit **OK**.

Jetzt wird unter jedem Ort die Summe des Umsatzes gebildet. Am Ende der Liste bildet Excel die Gesamtsumme.

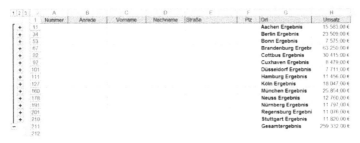

Abbildung 101: Das Ergebnis mit den Zwischensummen

Über die Plus- und Minus-Symbole am linken Rand blenden Sie die jeweiligen Daten zum Ort ein bzw. aus.

Schneller geht es über die kleinen Zahlensymbole am linken Bildschirmrand neben der Spaltenüberschrift A.

Abbildung 102: Nur die Zwischensummen

Wenn Sie auf die 1 klicken, wird nur das Gesamtergebnis angezeigt.

Abbildung 103: Nur die Gesamtsummen

Mit einem Klick auf die 3 wird wieder die ganze Liste angezeigt.

Wie Sie die Teilergebnisse wieder entfernen, lesen Sie weiter unten.

Teilergebnisse kopieren

Wenn Sie nur die Ergebnisse eines Teilergebnisses kopieren, fügt Excel allerdings die ganze Tabelle ein.

- Wenn Sie nur die Ergebnisse einfügen möchten, markieren Sie zuerst die Zellen.
- Wählen Sie auf dem Register **Start** in der Gruppe **Bearbeiten** den Befehl **Inhalte auswählen**.
- Aktivieren Sie die Option **Nur sichtbare Zellen**.

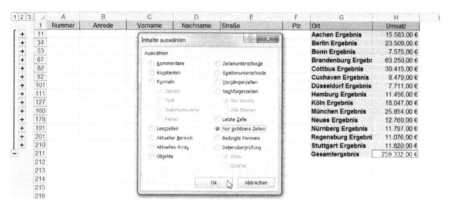

Abbildung 104: Die Zwischensumme für das Kopieren vorbereiten

- Nachdem Sie mit **OK** bestätigt haben, wählen Sie den Befehl **Kopieren**.

Die Markierungsrahmen um die Zellen ändern sich.

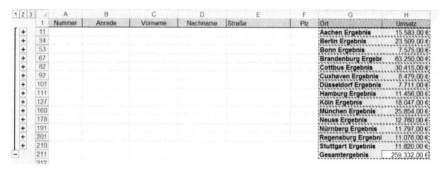

Abbildung 105: Die Zwischensummen kopieren

- Setzen Sie den Zellzeiger in die Zielzelle und wählen Sie den Befehl **Einfügen**. Jetzt werden nur die Ergebnisse eingefügt.

Abbildung 106: Die eingefügten Zwischensummen

Sollten sich Werte im Originalergebnis ändern, werden die Änderungen nicht in die eingefügte Liste übergeben.

Teilergebnisse entfernen

Um die Teilergebnisse zu entfernen, wählen Sie wieder **Daten / Teilergebnisse** und klicken Sie auf die Schaltfläche **Alle entfernen**.

Abbildung 107: Die Berechnungen entfernen

Jetzt sind die Teilergebnisse und die Gliederungspunkte am linken Rand verschwunden.

Makros & Teilergebnis

Stellen Sie sich vor, Sie müssen mit dem Befehl **Teilergebnis** regelmäßig in einer Liste Zwischensummen bilden und das Ergebnis auf ein neues Tabellenblatt kopieren.

⌐ **Wichtig**

Wenn sich die Ergebnisliste später erweitert, müssen Sie Ihr Makro anpassen!
⌐

- Der Cursor steht in der Liste.
- Starten Sie die Aufzeichnung des Makros mit einem Klick auf die Schaltfläche ▦.
- Geben Sie dem Makro einen Namen und speichern Sie es in dieser Arbeitsmappe.
- Bestätigen Sie mit **OK**.
- Sortieren Sie die ganze Liste, wie weiter oben beschrieben, nach der Spalte, die Sie gruppieren möchten.
- Starten Sie danach den Befehl **Teilergebnis**. Die einzelnen Felder des Fensters wurden bereits oben beschrieben.
- Lassen Sie sich anschließend nur die Zwischensummen anzeigen, indem Sie links oben neben dem Spaltentitel A auf die 2 klicken.
- Markieren Sie das Ergebnis und kopieren Sie nur die sichtbaren Zellen, wie oben beschrieben.
- Fügen Sie ein neues Tabellenblatt ein und fügen Sie auch die kopierten Zellen ein.
- Klicken Sie in die Zelle A1 und beenden Sie die Aufzeichnung.

Testen Sie jetzt Ihr Makro.

Dazu entfernen Sie das Teilergebnis aus Ihrer Liste und starten das Makro.

Wenn Sie Ihre Liste erweitern, müssen Sie dies im Code auch machen.

```
Sub Zwischensumme()

    ActiveWorkbook.Worksheets("Datenliste").Sort.SortFields.Clear
    ActiveWorkbook.Worksheets("Datenliste").Sort.SortFields.Add Key:=Range( _
        "B2:B181", SortOn:=xlSortOnValues, Order:=xlAscending, DataOption:= _
        xlSortNormal
    With ActiveWorkbook.Worksheets("Datenliste").Sort
        .SetRange Range("A1:D181")
        .Header = xlYes
        .MatchCase = False
        .Orientation = xlTopToBottom
        .SortMethod = xlPinYin
        .Apply
    End With
    Selection.Subtotal GroupBy:=2, Function:=xlSum, TotalList:=Array(4), _
        Replace:=True, PageBreaks:=False, SummaryBelowData:=True
    ActiveSheet.Outline.ShowLevels RowLevels:=2
    Range "B1:D188".Select
    Selection.SpecialCells(xlCellTypeVisible).Select
    Selection.Copy
    Sheets.Add After:=Sheets(Sheets.Count)
    ActiveSheet.Paste
End Sub
```

Abbildung 108: Der Code für das Sortieren und für die Teilergebnisse

An drei Stellen müssen Änderungen vorgenommen werden. Geben Sie die neue Zeilennummer ein.

15 Leere Zeilen löschen

Leere Zeilen können immer wieder vorkommen und sind lästig. In diesem Beispiel erfahren Sie, wie Sie leere Zeilen mit einem Makro löschen, ohne großartige Programmierkenntnisse zu haben.

Wichtig

Normalerweise benötigen Sie dazu in der VBA Umgebung eine Schleife. Das bedeutet aber erheblichen Programmieraufwand und genau das soll ja in diesem Buch vermieden werden.

Leere Zeilen löschen

Um eine leere Zeile zu entfernen, klicken Sie mit der rechten Maustaste auf die Zeilennummer der leeren Zeile und wählen Sie den Befehl **Zellen löschen**.

Abbildung 109: Die markierte Zeile löschen

Diesen Schritt müssten Sie für alle leeren Zeilen durchführen. Das soll jetzt ein Makro für Sie halbautomatisch erledigen.

Makros & leere Zeilen entfernen

Das Makro, das Sie jetzt aufzeichnen, wird immer zwei leeren Zeilen entfernen. Sie müssen es dann so oft starten, bis alle leeren Zeilen entfernt sind. Das geht über eine Schaltfläche recht schnell.

In diesem Beispiel gehen wir davon aus, dass, wenn die erste Spalte einer Zeile leer ist, die ganze Zeile leer ist.

- Beginnen Sie mit der Aufzeichnung des Makros. Speichern Sie es in der persönlichen Makroarbeitsmappe ab.
- Drücken Sie ⌈Strg⌉ + ⌈Pos1⌉, um den Cursor in die Zelle A1 zu bringen.

Jetzt müssen Sie von der absoluten in die relative Aufzeichnung wechseln!

- Aktivieren Sie das Register **Entwicklertools** und klicken Sie auf die Schaltfläche **Relative Aufzeichnung**.

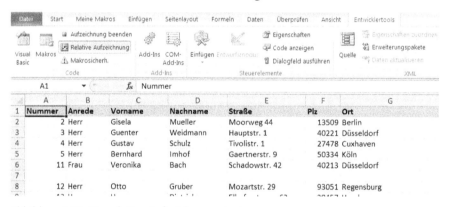

Abbildung 110: Die relative Aufzeichnung starten

Hinweis

Dieser Schritt wird nicht mit aufgezeichnet.

- Drücken Sie jetzt die Tastenkombination ⌈Strg⌉ + ⌈↓⌉, um vor die erste leere Zelle in der Spalte A zu springen.
- Klicken Sie jetzt mit der rechten Maustaste auf die Zeilennummer der leeren Zeile und wählen Sie den Befehl **Zellen löschen**.

- Drücken Sie einmal die [←]-Taste, um die Markierung der gelöschten Zeile zu entfernen.
- Drücken Sie erneut die Tastenkombination [Strg] + [↓], um vor die nächste leere Zelle zu springen.
- Klicken Sie wieder mit der rechten Maustaste auf die Zeilennummer der leeren Zeile und wählen Sie den Befehl **Zellen löschen**. Drücken Sie wieder die [←]-Taste, um die Markierung der gelöschten Zeile zu entfernen.
- Beenden Sie die Aufzeichnung.

Bringen Sie das Makro, wie oben beschrieben, in die Symbolleiste für den Schnellzugriff.

- Um die restlichen leeren Zeilen zu entfernen, klicken Sie jetzt mehrfach auf die gerade eingefügte Schaltfläche.

Zum Schluss läuft Ihr Makro auf einen Fehler, aber das war zu erwarten. Excel hat die letzte Zeile (1.048.576) des Tabellenblattes erreicht und versucht, die nicht mehr vorhandene nächste Zeile (1.048.577) zu löschen.

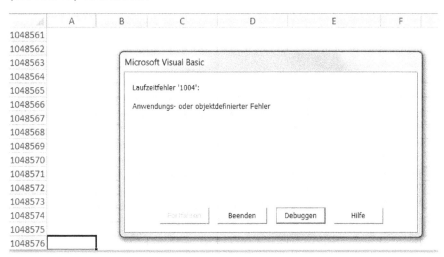

Abbildung 111: Der Fehler ganz zum Schluss

- Klicken Sie auf die Schaltfläche **Beenden** und drücken Sie [Strg] + [Pos1], um wieder in der Zelle A1 zu landen.
- Sie müssen Ihr Makro um nur eine kleine Zeile erweitern, damit diese Fehlermeldung nicht mehr erscheint.
- Drücken Sie [Alt] + [F11] und klicken Sie in Ihr neues Makro.

- Setzen Sie den Cursor direkt unter die Zeile **Sub ZeilenLöschen()** und entfernen Sie ggf. den Apostroph.
- Tippen Sie den folgenden Code:

```
On Error Resume Next
```

Mit dieser Zeile unterdrücken Sie alle Fehlermeldungen.

Jetzt bleibt Ihr Cursor in der letzten Zeile des Tabellenblattes stehen. Das ist der Hinweis für Sie, dass alle leeren Zeilen innerhalb Ihrer Liste entfernt wurden. Drücken Sie ⌐Strg⌐ + ⌐Pos1⌐, um wieder in der Zelle A1 zu landen.

Hinweis

Deaktivieren Sie den Schalter **Relative Aufzeichnung** wieder, damit Sie beim nächsten Aufzeichnen nicht aus Versehen relative Zelladressen aufzeichnen.

16 Leere Zellen füllen

Listen mit leeren Zellen kommen immer wieder vor. Die folgende Abbildung zeigt ein Beispiel.

	A	B	C	D
1	**Land**	**Produkt**	**Farbe**	**Stück**
2	Belgien	BMW	Blau	1.350
3			Gelb	3.240
4			Rot	390
5			Schwarz	780
6		Ford	Blau	4.140
7			Gelb	7.170
8			Rot	2.550
9			Schwarz	5.160
10		Mercedes	Blau	390

Abbildung 112: Die Beispielliste

Es gibt in Excel einen einfachen Weg, leere Zellen mit den Werten darüber zu füllen.

Leere Zellen mit dem Wert darüber füllen

Wenn Sie sich exakt an die folgenden Schritte halten, dann haben Sie zum Schluss keine leeren Zellen mehr in Ihrer Tabelle.

⌐ **Hinweis**

Damit alles reibungslos klappt, muss in jeder Zelle der ersten Zeile der Tabelle etwas stehen.

⌐

- Klicken Sie in die Tabelle.
- Wählen Sie **Start / Suchen & Auswählen / Inhalte auswählen**.
- Aktivieren Sie die Option Leerzellen.

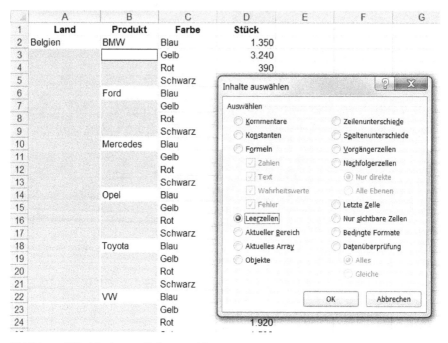

Abbildung 113: Alle leeren Zellen markieren

- Bestätigen Sie mit **OK**.

Beachten Sie, dass Sie jetzt nicht mit der Maus klicken, denn dann heben Sie die Markierung wieder auf.

- Geben Sie sofort ein Gleichheitszeichen $\boxed{=}$ ein und drücken Sie im Anschluss $\boxed{\uparrow}$.

Mit dieser Formel holen Sie den Inhalt der Zelle darüber in die aktuelle Zelle.

| OBERGRENZE | ▾ | × ✔ *f* | =B2 |

	A	B	C
1	**Land**	**Produkt**	**Farbe**
2	Belgien	BMW	Blau
3		=B2	Gelb
4			Rot
5			Schwarz

Abbildung 114: Die Formel holt den Inhalt der Zelle darüber

- Um diese Formel in alle markierten Zellen zu übertragen drücken Sie $\boxed{Strg}$ + $\boxed{\leftarrow}$.

	A	B	C	D
1	**Land**	**Produkt**	**Farbe**	**Stück**
2	Belgien	BMW	Blau	1.350
3	Belgien	BMW	Gelb	3.240
4	Belgien	BMW	Rot	390
5	Belgien	BMW	Schwarz	780
6	Belgien	Ford	Blau	4.140
7	Belgien	Ford	Gelb	7.170
8	Belgien	Ford	Rot	2.550
9	Belgien	Ford	Schwarz	5.160
10	Belgien	Mercedes	Blau	390
11	Belgien	Mercedes	Gelb	1.530

Abbildung 115: Keine leeren Zellen in der Tabelle

Es gibt keine leere Zelle mehr in Ihrer Tabelle.

Leere Zellen füllen & Makros

Beim Aufzeichnen des Makros sollen noch weitere Schritte aufgezeichnet werden. Die Formeln werden als Wertkopie eingefügt, die Markierung wird aufgehoben und der Markierungsrahmen (Ameisenkolonne) soll verschwinden.

- Klicken Sie in die Tabelle und starten Sie das Aufzeichnen eines Makros. Speichern Sie es in der persönlichen Makroarbeitsmappe ab.
- Führen Sie die oben beschriebenen Schritte durch.
- Wenn alle Zellen gefüllt sind, drücken Sie Strg + ⇧ + * . Jetzt sind alle Zellen markiert.
- Drücken Sie Strg + C , um alle Zellen zu kopieren und anschließend direkt wieder Strg + V , um die Zellen wieder einzufügen.
- Klicken Sie auf die Schaltfläche ▣ (Strg) ▾ und wählen Sie den Befehl **Werte und Zahlenformat**.

	A	B	C	D	E	F
1	**Land**	**Produkt**	**Farbe**	**Stück**	🖹 (Strg) ▼	
2	Belgien	BMW	Blau	1.350	Einfügen	
3	Belgien	BMW	Gelb	3.240		
4	Belgien	BMW	Rot	390		
5	Belgien	BMW	Schwarz	780		
6	Belgien	Ford	Blau	4.140		
7	Belgien	Ford	Gelb	7.170	Werte einfügen	
8	Belgien	Ford	Rot	2.550		
9	Belgien	Ford	Schwarz	5.160	Weitere Einfügeoptionen	
10	Belgien	Mercedes	Blau	390		
11	Belgien	Mercedes	Gelb	1.530		
12	Belgien	Mercedes	Rot	750		

Abbildung 116: Eine Wertkopie erstellen

- Um die Markierung aufzuheben, drücken Sie [Strg] + [↓] und anschließend [Strg] + [↑].

- Um den Markierungsrahmen (Ameisenkolonne) zu entfernen, drücken Sie [Esc].

- Beenden Sie die Aufzeichnung.

Testen Sie Ihr Makro auf einer anderen Tabelle.

17 Pivot Tabellen

Der Begriff **Pivot** beschreibt einen **Dreh- und Angelpunkt**. Mit Pivot-Tabellen haben Sie die Möglichkeit, umfangreiche Datenmengen unter verschiedenen Gesichtspunkten auszuwerten und interaktiv anzupassen. Sie erhalten ein Werkzeug zur komfortablen Analyse von Datenlisten. Durch einfaches Verschieben von Feldern können Sie das Zahlenmaterial aus einem anderen Blickwinkel betrachten.

Zur Erstellung einer „normalen" Pivot-Tabelle verwenden Sie eine Datenliste:

⊿	A	B	C	
1	**Datum**	**Marke**	**Art**	Überschrift
2	16.05.2012	BMW	SUV	
3	24.05.2012	Ford	Cabrio	120,00 €
4	01.06.2012	Opel	PKW	300,00 €
5	09.06.2012	Toyota	Kombi	480,00 €
6	17.06.2012	BMW	PKW	660,00 €
7	25.06.2012	Ford	Cabrio	120,00 €
8	05.07.2012	Toyota	SUV	
9	13.07.2012	Opel	Kom	Liste ohne Leerzeilen
10	21.07.2012	BMW	PKW	
11	29.07.2012	Opel	Kombi	120,00 €
12	06.08.2012	Opel	SUV	300,00 €
13	16.08.2012	Toyota	SUV	480,00 €
14	24.08.2012	Opel	PKW	660,00 €
15	01.09.2012	Ford	Kombi	120,00 €

Abbildung 117: Die Liste, aus der die Pivot Tabelle erstellt wird

Eine Pivot Tabelle erstellen

Um eine Pivot-Tabelle zu erstellen, führen Sie die folgenden Schritte durch:

- Klicken Sie in die Liste.
- Starten Sie auf dem Register **Einfügen** den Befehl **PivotTable**.

- Bestimmen Sie, woher sich Excel die Daten für die Pivot-Tabelle holen soll.

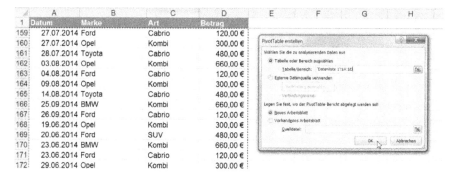

Abbildung 118: Die Zellen aus denen die Pivot Tabelle erstellt wird

- Bestätigen Sie die Option **Tabelle** *oder* **Bereich auswählen.**
  Überprüfen Sie den Vorschlag von Excel für den Datenbereich.

- Klicken Sie auf **OK.**

Sie erhalten ein neues Tabellenblatt mit den Steuerungselementen für die leere Pivot-Tabelle sowie den Registern **Optionen** und **Entwurf.**

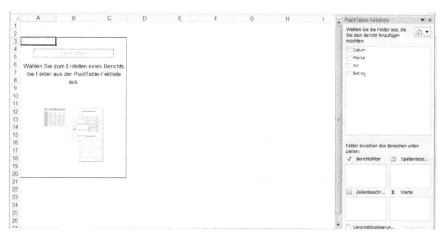

Abbildung 119: Das neue Blatt mit der noch leeren Pivot Tabelle

- Sollte das Fenster **Pivot-Tabelle-Feldliste** nicht angezeigt werden, klicken Sie auf dem Register **Optionen** auf die Schaltfläche **Feldliste.**

- Ziehen Sie nun die Feldnamen in die Bereiche Berichtsfilter, Zeilenbeschriftungen, Spaltenbeschriftungen und Σ Werte.

Im Bereich **Σ Werte** kann Excel rechnen. Deshalb sollten Sie die Felder dorthin ziehen, die Sie berechnen möchten.

Im Beispiel wurden das Feld **Marke** in den Zeilenbereich und das Feld **Art** in den Spaltenbereich übertragen. Zur Berechnung im mittleren Bereich der Pivot-Tabelle wurde das Feld **Betrag** verwendet.

- Damit alle Werte im Euro-Format dargestellt werden, klicken Sie mit der rechten Maustaste auf eine Zahl und wählen Sie den Befehl **Zahlenformat**. Stellen Sie das gewünschte Format ein.

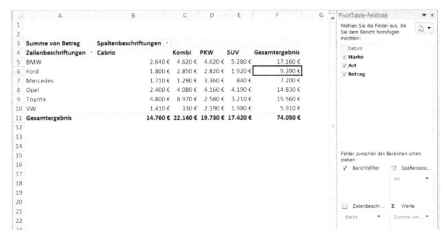

Abbildung 120: Die Pivot Tabelle nach dem Ziehen der Felder

Makros & Pivot Tabellen

Beachten Sie Folgendes: Bei Makros mit Pivot Tabellen kann es immer wieder zu Problemen kommen. Sie dürfen u.a. die Aufzeichnung nicht mit **Einfügen / PivotTable** starten, sondern mit den unten beschriebenen Tasten, die Sie nacheinander drücken müssen.

Das folgende Beispiel klappt aber reibungslos.

- Klicken Sie in die Datenliste und starten Sie die Aufzeichnung eines Makros.
- Drücken Sie die Tastenkombination ⌑Alt⌑, ⌑N⌑, ⌑P⌑ und klicken Sie auf die Schaltfläche **Fertig stellen**.

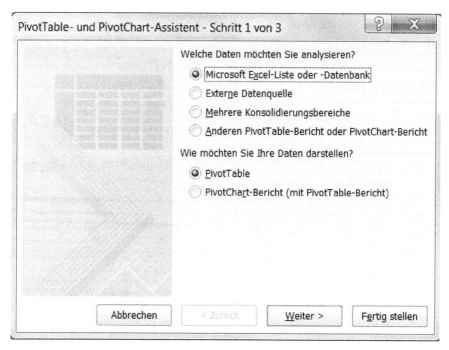

Abbildung 121: Das Fenster zum Erstellen einer Pivot Tabelle

- Nachdem Sie auf **Fertig stellen** geklickt haben, ziehen Sie die Felder an die gewünschten Positionen und gestalten Sie die Pivot Tabelle nach Ihren Wünschen.

- Beenden Sie die Aufzeichnung.

Löschen Sie die gerade angelegte Tabelle und starten Sie das Makro.

Anhang

Weitere Zahlenformate

Große Zahlen verkürzt darstellen

Millionenwerte ohne Dezimalstelle			Millionenwerte mit Dezimalstelle		
Beispielzahl	Muster	Anzeige	Beispielzahl	Muster	Anzeige
5000	#..		5000	#0,0..	0,0
980000	#..	1	980000	#0,0..	1,0
1500000	#..	2	1500000	#0,0..	1,5
2500000	#..	3	2500000	#0,0..	2,5
-8890000	#..	-9	-8890000	#0,0..	-8,9
36500000	#..	37	36500000	#0,0..	36,5

Tausenderwerte ohne Dezimalstelle			Tausenderwerte mit Dezimalstelle		
Beispielzahl	Muster	Anzeige	Beispielzahl	Muster	Anzeige
150	#.		150	#0,0.	0,2
500	#.	1	500	#0,0.	0,5
9800	#.	10	9800	#0,0.	9,8
25000	#.	25	25000	#0,0.	25,0
36500	#.	37	36500	#0,0.	36,5
-88900	#.	-89	-88900	#0,0.	-88,9

Mengeneinheiten mit und ohne Dezimalstellen

Mengeneinheiten mit Dezimalstellen		
Beispielzahl	Muster	Ergebnis
1.000,00	#.##0,00 "Liter"	1.000,00 Liter
335.000,00	#.##0,00 "Liter"	335.000,00 Liter
66.600,00	#.##0,00 "Liter"	66.600,00 Liter
1,00	#.##0,00 "Liter"	1,00 Liter
12,00	#.##0,00 "Liter"	12,00 Liter
333,00	#.##0,00 "Liter"	333,00 Liter

Mengeneinheiten ohne Dezimalstellen		
Beispielzahl	Muster	Ergebnis
1000	#.##0 "Liter"	1.000 Liter
28000	#.##0 "Liter"	335.000 Liter
400	#.##0 "Liter"	66.600 Liter
99000	#.##0 "Liter"	1 Liter
150000	#.##0 "Liter"	12 Liter
1000000	#.##0 "Liter"	333 Liter

Einzahl / Mehrzahl

Mengeneinheiten Einzahl / Mehrzahl:		
Beispielzahl	Muster	Ergebnis
1.000,00	[=1] 0 "Seite";#.##0 "Seiten"	1.000 Seiten
335.000,00	[=1] 0 "Seite";#.##0 "Seiten"	335.000 Seiten
66.600,00	[=1] 0 "Seite";#.##0 "Seiten"	66.600 Seiten
1,00	[=1] 0 "Seite";#.##0 "Seiten"	1 Seite
12,00	[=1] 0 "Seite";#.##0 "Seiten"	12 Seiten
333,00	[=1] 0 "Seite";#.##0 "Seiten"	333 Seiten

Datumsformate

Beispieldatum	Muster	Ergebnis
01.01.2015	TTTT", den "TT. MMMM JJJJ	Donnerstag, den 01. Januar 2015
25.12.2015	TTTT", den "TT. MMMM JJJJ	Freitag, den 25. Dezember 2015

Beispieldatum	Muster	Ergebnis
01.01.2015	TT. MMM JJJJ	01. Jan 2015
25.12.2015	TT. MMM JJJJ	25. Dez 2015

Vorgangs- bzw. Versicherungsscheinnummern

Eingabe	Muster	Ergebnis
12123123456	00" "000" "000000	12 123 123456
13123654321	00" "000" "000000	13 123 654321
12111123333	00" "000" "000000	12 111 123333

Eingabe	Muster	Ergebnis
1213123	00"."00"."000	12.13.123
1312321	00"."00"."000	13.12.321
1211333	00"."00"."000	12.11.333

Weitere bedingte Formate

Die Datenbalken

Mit den Datenbalken können Sie die Höhe der Werte in den Zellen grafisch darstellen.

- Markieren Sie die Zellen, die Sie gestalten möchten.
- Aktivieren Sie das Register **Start**, klicken Sie auf die Schaltfläche **Bedingte Formatierung**, zeigen Sie auf den Eintrag **Datenbalken** und wählen Sie ein Farbmuster aus.

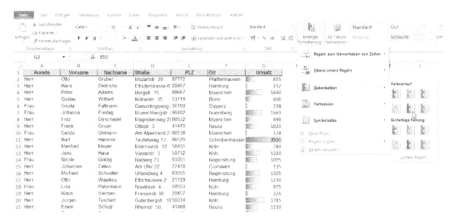

Abbildung 122: Mit Datenbalken Zellinhalte bewerten

Die markierten Zellen erhalten nun das gewählte Farbmuster.

Sie erkennen nun auf Anhieb die Zelle mit dem größten Wert. Sie wurde komplett mit Farbe gefüllt. Die Füllung der restlichen Zellen ist in Abhängigkeit zum höchsten Wert.

Excel wählt zur Berechnung des Farbmusters vordefinierte Werte. Wenn Sie diese ändern möchten, führen Sie die folgenden Schritte durch:

- Markieren Sie die Zellen.
- Aktivieren Sie das Register **Start** und wählen Sie die Befehlsfolge **Bedingte Formatierung / Regeln verwalten**.
- Im Fenster **Manager für Regeln zur bedingten Formatierung** sehen Sie alle Regeln für die markierten Zellen.
- Markieren Sie die Regel und klicken Sie auf die Schaltfläche **Regel bearbeiten**.

Im unteren Teil des Fensters können Sie die Grundeinstellungen von Excel ändern.

- Wenn Sie den Haken **Nur Balken anzeigen** aktivieren, werden die Werte in den Zellen ausgeblendet. Außerdem können Sie im Feld **Balkenrichtung** entscheiden, ob die Balken **von links nach rechts** oder **von rechts nach links angezeigt** werden.

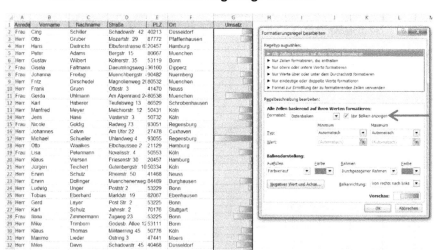

Abbildung 123: Einstellungen zu den Datenbalken

Nachdem Sie zweimal mit **OK** bestätigt haben, werden Ihre Änderungen in den markierten Zellen übernommen.

Die Zahlen sind ausgeblendet, nur die Balken weisen auf die Höhe des Wertes hin. In der Bearbeitungsleiste erkennen Sie nach wie vor die Zahl, die in der markierten Zelle steht.

Negative Werte in den Datenbalken

Wenn in den Zellen auch negative Werte stehen, wird automatisch eine Achse in jeder Zelle angezeigt. Die negativen Werte werden mit einem roten Balken gekennzeichnet.

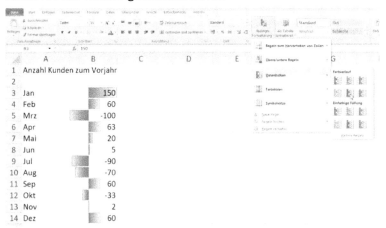

Abbildung 124: Mit Datenbalken werden auch negative Werte hervorgehoben

Über die Einstellungen können Sie die Farben und die Position der Achse anpassen.

- Markieren Sie die Zellen.
- Aktivieren Sie das Register **Start** und wählen Sie die Befehlsfolge **Bedingte Formatierung / Regeln verwalten**.
- Im Fenster **Manager für Regeln zur bedingten Formatierung** sehen Sie alle Regeln für die markierten Zellen.
- Markieren Sie die Regel, klicken Sie auf die Schaltfläche **Regel bearbeiten** und anschließen auf **Negativer Wert und Achse.**
- Über das erste Feld **Füllfarbe** ändern Sie die Farben für negative Balken. Im Feld darunter ändern Sie die Rahmenfarbe.
- Wenn die Achse in der Mitte der Zelle stehen soll, aktivieren Sie die Option **Zellmittelpunkt**.

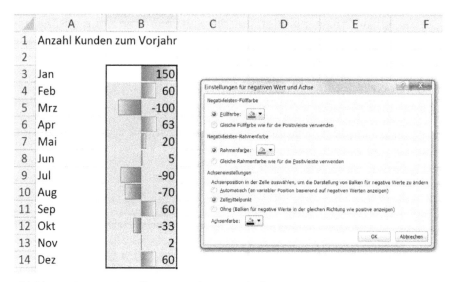

Abbildung 125: Die Einstellungen zu den Datenbalken

Bestätigen Sie mehrfach mit **OK**.

Zellen mit bedingten Formaten finden

Stellen Sie sich vor, Sie haben von einem Kollegen eine Tabelle erhalten und Sie wissen nicht ganz genau, ob und wenn ja, welche Zellen bedingte Formate enthalten.

- Setzen Sie den Cursor in die Tabelle und wählen Sie **Start / Suchen und Auswählen / Inhalte auswählen**.
- Aktivieren Sie die Option **Bedingte Formate**.
- Bestätigen Sie mit *OK*.

Jetzt sind alle Zellen, die eine bedingte Formatierung haben, markiert.

- Wählen Sie **Start / Bedingte Formatierung / Regeln verwalten**, um sich alle Regeln anzusehen.